거장의 시선으로 보다

Hermann Hesse

시간의
언덕
너머

Johann Wolfgang von Goethe

정명규 지음

Friedrich von Schiller

서문

세계문학기행 〈명작의 고향〉을 40년이 지나서 책으로 만든다는 작업은 잃어버린 시간을 찾아서 떠나는 기억의 여정이었습니다. 필자는 지난 1984년과 85년, 2년간 유럽의 문학작품 단테의 신곡, 세르반테스의 돈키호테, 셰익스피어의 햄릿, 빅토르 위고의 레미제라블, 괴테의 베르테르의 슬픔 등 유럽 고전문학 19편을 제작했습니다.

문학기행은 문화방송(MBC)이 민영방송에서 공영방송으로 태어나기 위해 기획된 프로그램이었습니다. 유럽고전문학의 고향을 찾아가는 〈명작의 고향〉은 문화방송에서 해외 제작을 하는 첫 번째 다큐멘터리의 역사를 열었습니다. 그 이후 〈명곡의 고향〉, 〈명화의 고향〉이 제작되었고 냉전체제가 무너지고 공산권 세계가 개방화되면서 구소련과 동유럽을 포함하는 〈동구예술문학기행〉 등의 다큐멘터리 제작의 새로운 시대를 열었습니다.

문학기행의 경험을 책으로 만들면서 독자들과 무엇을 나눌 수 있을 것인가? 이 질문은 40년 전 유럽문학기행을 떠날 때 시청자들과 무엇을 나누어야 할 것인가를 고민하던 시절의 기억이 떠오릅니다. 즉, 소설이 독자들에게 주는 감동처럼 TV의 영상을 보는 시청자들에게 똑같은 즐거움을 줄 수 있을 것인가?

지금 돌이켜보면 문학의 고향을 찾아가는 것은 작가의 상상력을 발견하는 탐색의 과정이었습니다. 그래서 명작의 고향의 제작 개념을 아래와 같이 규정을 하였습니다.

'명작은 어디서 어떻게 왜 그렇게 쓰여졌는가?'

그 당시 이 명제를 뒷받침해 주듯 몽테뉴의 수상록의 구절을 우연히 만났습니다. "경탄은 철학의 시작이고 탐색은 그 과정이다." 경탄은 명작의 고향에서 작가의 상상력을 탐색하는 전 제작 과정을 관통하는 개념이고 그 이후에는 프로듀서 저 자신의 철학적 지표이기도 했습니다.

상상적 공간 속의 작가의 지리적 고향은 작가의 심리적 공간으로 전환되기 때문에 고향의 탐색은 작가의 내면 탐색의 공간입니다. 따라서 그곳에서 마주치는 경탄의 순간은 제작자인 프로듀서의 시선과 작가의 시선이 마주치는 공간입니다. 『폭풍의 언덕』의 배경인 요크셔의 황무지에서 에밀리 브론테의 눈을 마주치고 투렌느의 앵드르 천변의 『골짜기의 백합』에서 발자크의 눈과 마주치는 황홀한 체험 속에서 작품의 이미지가 발견됩니다.

TV 문학기행은 이미지의 영상을 읽는 즐거움입니다. 이미지를 읽는 것은 우리 몸의 시각, 청각, 촉각, 미각, 후각 등 오감의 총체적 감각 속에서 다양하게 발생하는 이미지의 넓이와 깊이를 읽는 현상학적 독서 체험입니다. 명작의 고향을 다니며 밤에는 소설을 읽고 낮에는 스토리의 현장에서 소설 속의 이미지를 체험하며 다녔던 40년 전의 추억은 지금까지 생생하게 살아있습니다. 작가의 소설을 몸으로 읽는 체험은 소설의 세계에서 체험할 수 없는 오직 영상언어, 이미지의 언어만이 줄 수 있는 즐거움입니다.

책으로 만들어진 문학기행의 다양한 스토리 공간 속에서 독자들 또한 제작 프로듀서가 되어 제가 경험한 명작의 고향의 순례자가 되셨으면 합니다.

『여자의 일생』의 잔느와 함께 노르망디 에트르타의 아름다운 해안 길을 걷고, 『카르멘』과 함께 안달루시아의 오렌지 향기 가득한 세빌리아의 가로수 길을 걷고, 『몬테크리스토 백작』의 샤토디프 감옥이 있는 마르세유 해변의 바닷가 등에서 작가들과 만나는 순간 속에서 이미지를 발견하는 황홀한 순간을 체험하며 소설이 결코 줄 수 없는 문학기행만의 기쁨을 누리시길 기대합니다.

"언제까지나 땅에 매달려 있지 말라.
새로이 결심하여 힘차게 발을 내딛으라!
머리와 팔뚝에 신바람의 힘만 배면
어디를 가나 그대의 집이다."
- 『빌헬름 마이스터의 방랑시대』 중에서

일러두기

1. 표기와 맞춤법은 저자의 표현을 따랐습니다.
2. 표기법의 변경으로 인해 프로그램 제작 당시 표기된 작품명과 책에 표기된 작품명은 같지 않습니다.
   예를들어 '젊은 베르테르의 슬픔'은 '젊은 베르터의 고뇌'로 표기되었습니다.
3. 본 책자에 사용된 자료는 저자가 제공하였습니다.

차례

서문 · 2

헤르만 헤세 Hermann Hesse

저항의 시인 헤르만 헤세 · 9
작품에 묻어나는 생애 · 35
정 PD가 Pick한 헤세 작품들 · 47
내 안에 숨어 있는 하늘을 찾아서 · 57

프리드리히 폰 쉴러 Friedrich von Schiller

영원한 자유인 프리드리히 폰 쉴러 · 75
희곡으로 세상을 바꾸고 싶었던 아름다운 영혼 · 97
정 PD가 Pick한 쉴러 작품들 · 111
다시 만나고 싶은 영원한 자유인 · 119

요한 볼프강 폰 괴테 Johann Wolfgang von Goethe

하늘이 내린 천재 작가 요한 볼프강 폰 괴테 · 129
삶이 곧 작품이다 · 165
정 PD가 Pick한 괴테 작품들 · 179
지금 다시 괴테를 만나야 하는 이유 · 187

01

Hermann Hesse

저항의 시인
헤르만 헤세

Johann Wolfgang von Goethe

Friedrich von Schiller

저항과 방랑의 시인, 헤르만 헤세를 찾아서
칼브에서 몬테뇰라까지

『수레바퀴 밑에서』, 『데미안』, 그리고 『유리알 유희』의 저자 헤르만 헤세. 그는 자유로운 영혼의 소유자로, 억압과 규범에 저항하고, 방황을 통해 자아를 찾아간 시인이자 작가였다. 어린 시절부터 '시인이 아니면 아무것도 되지 않겠다'라는 결심을 품었고, 전쟁과 같은 거대한 시대적 흐름에도 굴복하지 않으며, 만년까지 일생을 '저항'이라는 이름의 삶으로 살아냈다.

그는 삶에서 마주하는 복잡하고 수많은 문제를 극복했던 자신의 경험을 누구나 쉽게 이해할 수 있도록 단순한 언어로 풀어냈다. 그가 견뎌낸 시련과 이를 통해 형성된 저항의 메시지는 그의 작품 속에 생생히 담겨 있으며, 오늘날 세계 각국에서 많은 이들에게 깊은 사랑을 받고 있다.

특히 청소년기 독자들로부터 열렬한 지지와 큰 사랑을 받고 있다. 이는 『수레바퀴 밑에서』의 한스 기벤라트, 『데미안』의 싱클레어와 데미안 등, 주요 등장인물들이 대부분 청소년기 나이대로 그려졌고, 그들의 방황과 자아 탐색을 생생하게 묘사했기 때문이다. 독자들은 자신들과 비슷한 삶의 고민과 방황 그리고 저항의 메시지에서 커다란 공감을 느낄 수 있었을 것이다.

헤세의 문학과 정신을 가장 상징적으로 담아낸 문장은 바로 『데미안』에 나오는 다음의 구절이다.

"새는 알을 깨고 나온다. 알은 새의 세계다. 태어나려고 하는 자는 하나의 세계를 파괴해야 한다. 그 새는 신에게로 날아간다. 신의 이름은 아프락사스다."

이 문장은 단지 작품의 한 구절을 넘어서, 헤세 문학 전체의 중심 주제이자 삶의 철학이기도 하다.

나는 교수 시절, 학생들과의 첫 강의 시간이 되면 늘 이 문장을 인용하며 "새로운 존재로 태어나기 위해선 자기 주변에 있던 기존의 세계 하나쯤은 깨어야 한다"라는 말로 대화를 시작했다. 헤세의 저항적 삶 속에 담긴 창조적이고 문학적인 정신이 학생들에게도 전해지길 바랐기 때문이다.

고향 칼브, 시인의 첫 세계

저항의 시인 헤세를 만나기 위한 여정은 독일 슈바벤Schwaben에서 칼브Calw로 향하며 시작된다. 칼브는 그가 태어나 어린 시절부터 열여덟 살까지 살았던 곳으로, 평생 그의 마음속에 고향이었다. 그는 이곳을 떠난 후에도 고향에 대한 그리움을 작품 속에 담았다.

시인으로서 내가 숲이나 강, 목초지 계곡, 밤나무 그늘, 전나무 향기에 대해 말할 때, 그것은 바로 칼브 주변의 숲, 칼브의 나골트, 칼브의 전나무 숲과 밤나무였다. 칼브는 나로 하여금 시인으로서 세계상을 형성하는 데 도움을 주었고, 언제까지나 아름답게 내게 빛을 던져주고 있다.

- 『크눌프』 중에서 -

'크눌프' 속 한 구절처럼 칼브로의 여정은 시인 헤르만 헤세를 이해하는 첫걸음이다. 도시로 이어지는 왕복 2차선 도로 옆으로는 검은 숲 Schwarzwald 으로 불리는 검푸른 전나무 숲이 울창해 하늘을 가릴 정도로 빽빽이 서 있고, 계곡을 따라 나골트 Die Nagold 천이 유유히 흐르며 여전히 그의 어린 시절 모습을 간직하고 있었다.

칼브는 독일에서도 작은 도시로, 언덕 위에 서면 붉은색 박공지붕들이 군락을 이룬 아름다운 도시 전경을 한눈에 내려볼 수 있다. 도시 한가운데를 가르며 흐르는 나골트천 주변으로는 시청이 있는 마르크트광장 Marktplatz 이 펼쳐지고, 그 맞은편으로는 비숍거리 Bischofstraße 가 자리 잡고 있어 아기자기한 도시의 매력이 느껴진다.

칼브는 '헤세의 고향'이라는 자부심이 강한 도시로, 그의 문학을 사랑하는 이들의 발걸음이 끊이지 않는다.

나골트천은 헤세의 생가를 찾아가는 길목에 있다. 강폭은 넓지 않지만, 깨끗한 물이 유유히 흐르고 있었고, 수초 사이로 헤엄치는 어른 팔뚝만 한

니콜라우스 다리

헤세 기념 분수대

크기의 잉어도 볼 수 있어 자연 그대로의 모습을 간직하고 있었다. 헤세는 소년 시절에 이곳에서 낚시를 즐겼다고 전해진다. 이곳에서 만난 소년들도 여전히 수영과 낚시를 즐길 수 있는 곳이라고 말했다.

마르크트광장으로 들어가기 위해서는 니콜라우스 다리Nikolausbrücke를 건너야 한다. 견고한 돌로 만들어진 이 다리는 도시에서 가장 오래된 명물로 손꼽히며, 헤세가 매우 사랑했던 장소 중 하나이다. 그에게 있어서 다리를 건넌다는 것은 단순히 공간을 이동하는 행위만이 아니라 자신이 속한 세계를 넘어 새로운 세계로 나아가는 상징적 의미를 가졌던 것은 아니었을까 싶다.

도시 중심부의 헤르만 헤세 광장Hermann Hesse Platz 초입에 들어서면 'Demian'이라는 이름의 카페가 눈에 띈다. 이 광장이 그의 이름을 따서 붙여진 것은 그가 1946년에 노벨문학상을 수상한 직후인 1947년이다. 광장 한쪽에는 헤르만 헤세 분수대Hermann Hesse Brunnen가 자리하고 있는데, 1920년부터 그의 이름이 새겨진 이곳에는 노년의 헤세 얼굴이 동판으로 새겨져 있다. 분수에서 흘러내리는 물 위로 정면을 응시하는 그의 깊은 눈빛은 칼브에 여전히 그의 흔적이 살아 있음을 상기시켜 준다.

내가 태어난 때는 7월의 따스한 날 초저녁이었다. 내가 일생에 걸쳐 무의식적으로 사랑하고 추구해 온 것은 바로 그 시각의 온도였다. 그래서 그것이 결여되어 있을 때는 몹시 그것을 그리워했다. 나의 양친은 경건했고 나는 그들에 대해 부드러운 애정을 품고 있었다.

- 『짧은 이력서』 중에서

헤르만 헤세의 생가(중앙)

비숍거리에 있는 헤세 외할아버지 집

마르크트광장 6번가. 1877년 7월 2일, 헤르만 헤세는 이곳에서 아버지 요하네스와 어머니 마리 사이에서 첫째 아들로 태어났다. 그의 부모는 선교사 가문 출신으로, 당시 사회적 기대에 따라 헤세는 신앙심 깊고 교양 있는 부모 밑에서 촉망받는 목사가 되기 위한 교육을 받게 된다.

그는 비숍거리 4번가의 산언덕 아래 자리한 집에서 약 4년간 거주하기도 했다. 이곳은 그의 소설 『수레바퀴 밑에서』에서 한스 기벤라트의 집으로 묘사되었는데, 실제로는 외할아버지 헤르만 군데르트Hermann Gundert의 집이었다. 이 집은 4층짜리 대저택으로, 2층에는 외할아버지의 서재가 있었고, 1층에는 출판사가 있었다. 아마도 어린 헤세는 책으로 가득 찬 서재와 출판사의 활기찬 모습을 보며 '아! 정말 나도 이런 공부를 해야겠다.'라며 학문에 대한 열정을 품었을지도 모른다.

헤세의 삶과 작품에 큰 영향을 미친 외할아버지는 외교관 겸 선교사로, 인도와 동아시아에서 활동했으며, 힌두 문화와 동양 사상에 해박한 지식을 가지고 있었다. 그는 비슈누, 노자, 장자와 같은 동양 철학 서적들을 소장하고 있었으며, 산스크리트어를 비롯해 라틴어, 그리스어 등 여러 언어에 능통한 언어의 대가였다.

헤세는 집 근처 칼브 교회Evang. Stadtkirche Calw에서 세례를 받았다. 교회 뒤편에는 그가 다녔던 라틴어 학교가 있다. 이 학교를 졸업한 후 그는 마울브론 신학교에 입학했는데, 이는 그의 소설 『수레바퀴 밑에서』 속의 한스를 떠올리게 한다.

시청 앞 광장 분수대

칼브 기차역

취재 당시에는 주요 장소들이 상점이나 사무실로 사용되고 있어 내부를 둘러볼 수는 없었다.

시청 앞 광장 역시 헤세의 어린 시절 기억이 깃든 공간이다. 특히 시청 앞 분수대는 라틴어 학교를 다니며 고된 학업 중 잠시 위안을 얻었던 곳이기도 하다. 그는 작품 속에서 이 분수대가 커다란 물소리를 내며 반짝이고 있었다고 생생히 묘사했다.

헤세는 학교와 집을 오가며 칼브의 이곳저곳에서 부모의 세계와는 다른, 금지된 세계의 기운을 접하게 된다. 그리고 이를 통해 새로운 세상을 동경하며 자아에 눈을 뜨게 된다. 마치 아프락사스를 향해 날아가는 새처럼.

> 나는 올바른 세계 속에 속해 있는 양친의 아들이었다. 그러나 눈과 귀의 방향을 돌리면 거기엔 또 다른 세계가 존재하고 있었다. 그것은 내게 금지된 세계였다.
> -『데미안』중에서

억압의 세계에서 첫 번째 탈출

1891년 9월, 헤세는 칼브역에서 동료 친구들의 부러움과 부모와 학교의 기대 속에 고향에서 약 50km 떨어진 마울브론 신학교로 떠나는 기차에 몸을 실었다. 신학생에서 목사로 이어지는, 당시 가장 명예로운 길로 여겨졌던 삶의 출발선이었다. 그러나 시인이 아니면 아무것도 되지 않겠다는 마

마울브론 신학교 전경

회랑을 막고 있는 쇠창살문

도서관으로 변해버린 헬라스 교실

음을 품었던 열세 살의 소년 헤세에게는 그 여정이 첫 번째 싸움터로 향하는 길이었을 것이다.

바덴뷔르템베르크주Land Baden-Württemberg 북서쪽, 마울브론 신학교는 숲이 우거진 언덕과 몇 개의 고요한 호수 사이에 자리 잡고 있다. 시토회라는 가톨릭교회의 봉쇄 수도회가 관리하는 대수도원 안에 있는 학교로, 1556년, 뷔르템베르크 공작이 종교개혁의 일환으로 이곳에 신학교를 설립했다.

헤세가 공부하던 당시에는 열 살에서 열네 살의 소년들이 본격적인 프로테스탄트 신학 연구에 앞서 무료로 예비교육을 받았다.

신학교 건물은 조용한 안뜰을 중심으로 사방이 긴 회랑으로 연결되어 있는데, 회랑을 따라가다 보면 마치 감옥을 연상시키는 육중한 쇠창살 문이 나타난다. 문 안으로 들어가면 뒤뜰로 이어지고, 그곳에 헬라스 교실이 있다. 이곳은 헤세가 교육받았던 곳이었으나, 촬영 당시에는 도서실로 사용되고 있어 원래의 모습은 거의 찾아볼 수 없었다.

"마음이 약해지면 안 돼. 그렇잖으면 곧 수레바퀴 밑에 깔리고 마는 거야."
엄격한 규율과 주입식 교육만을 강조하며 일률적인 인재를 양성하는 데 초점을 맞췄던 신학교 생활은 억압을 견디지 못하는 성향의 헤세에게 크나큰 고통과 끔찍한 기억으로 남았다. 헬라스 교실에서 소년 헤세의 내면은 그의 작품 속 한스처럼 끊임없이 눌렸고, 억압당했다.

촬영 당시 교실 창밖에서는 작은 들새 한 마리가 노래하고 있었다. 마치 헬라스 교실에서 벗어나 새로운 세계로 향하고자 했던 열세 살 헤세의 욕망을 상징하듯.

나는 천성적으로 비눗방울처럼 온순한 새끼 양이었음에도 불구하고 언제나 특히 청춘 시절에는 온갖 종류의 계명에 대하여 반항적으로 행동했다. 내게 요구되는 것은 너는 해야만 해라고 듣는 것이 전부였고, 그때마다 내 속에 있는 모든 것이 치밀어 올랐다. … 열세 살 때부터 나는 시인이 되든지 아니면 아무것도 되고 싶지 않다는 것을 뚜렷이 인식했다. 그것은 나 자신의 숙명이었다. 그 갈등은 나의 내면에서 폭풍처럼 휘몰아쳤다. 나는 수도원 학교의 엄격한 감금의 징벌에서 탈출함으로써 비로소 해방됐다.
-『짧은 이력서』중에서

"너는 해야만 해!"라는 명령의 세계. 헤세는 그 억압에서 벗어나고자 신학교에 입학한 지 7개월 만에 탈출을 감행한다. 시인이 되기 위해 그는 자신이 속해 있던 첫 번째 세계, 즉 첫 번째 '알'을 깨뜨린 것이다.

헤세는 부모가 소망했던 신학생의 길을 뒤로하고 고향에서 시계공 견습 생활을 시작한다. 성경 말씀 대신 공장에서 울리는 시계 소리를 들으며, 학생이 아니라 노동자로 살게 된 것이다.

그의 고향 나골트천 옆에는 당시 그가 일했던 페롯 시계 PERROT GmbH & Co. KG 공장이 있다. 그는 이곳에서 견습공으로 일하며 시계의 톱니바퀴를 만드는

페롯 시계공장

일을 배웠다. 공장 주인은 그가 조수나 동료들과 잘 어울렸던 사람이라고 회상했지만, 헤세는 15개월이라는 짧은 기간만 머물렀고, 1895년 9월 떠난다. 이 경험은 나중에 『수레바퀴 밑에서』에 등장하는 "신학교를 다닌 대장장이"라는 놀림을 받는 한스로 묘사된다.

헤세는 시인이 되기 위한 꿈을 안고 칼브를 떠나 튀빙겐의 헤켄하우어 서점에서 견습 점원으로 일하기 시작한다. 이 시기 그는 많은 책을 접할 수 있었고, 이는 그를 진정한 시인으로 이끄는 중요한 역할로 작용했다.

그는 이곳에서 첫 시집 『낭만의 노래』를 출간하며 비로소 시인으로서 첫

헤켄하우어 서점과 기념책장

헤세의 작품이 쌓인 판매대

발을 내디뎠다.

　나는 결국 빵을 스스로 벌고자 서점의 점원이 됐다. 나는 기계공으로서 괴로움을 당하며 시계 톱니바퀴를 가는 일보다는 책과 더 사이좋게 지냈다. 처음에는 근대문학 속에서 거의 취할 듯한 기쁨을 맛봤으나, 그러나 정신적 문제에 있어서는 과거 시대의 것에 대한 끊임없는 참고 없이 창조적인 정신생활이 불가능하다는 것을 깨닫게 되었다.
－『짧은 이력서』 중에서

　촬영을 위해 서점을 방문했을 때 헤세의 책을 진열해 놓은 기념 책장이 오가는 사람들의 시선을 끌고 있었다. 내부에도 그의 작품들만으로 구성된 판매대가 방문객들을 맞이하고 있었다. 서점은 단순히 판매만을 목적으로 한 진열이 아니라 그의 작업과 독창성을 기리는 공간처럼 느껴졌다.
　서점 앞에서 헤세의 책을 판매하고 있던 직원은 "헤르만 헤세는 위기의 작가로서 우리의 의식 속에 발을 들여놨다. 특히 젊은이들이 위안의 방법으로써 혹은 자신에 대해서 무엇인가를 터득하고 자신의 삶에 대해 무엇인가를 배울 수 있는 가능성으로써 그의 작품을 선택하고 있다. 그들은 헤세에게서 자신들의 문제에 대한 해결책을 모색하고 자신들의 생활 속에서 그가 계속 도움주기를 바라고 있다. 그래서 그의 책들은 지금까지 여전히 전 세계에서 많이 팔리고 있다"라며 자신이 근무하는 서점이 위대한 시인을 배출했다는 자부심을 드러냈다.
　그의 말처럼 촬영 당시에도 방문객들은 이 공간과 그의 작품 안에서 끊

가이엔호펜의 보덴호수

임없이 영감을 얻고자 책을 구매하고 있었다.

작가로서의 비상과 전쟁의 그림자

헤세만큼 고향을 깊이 사랑했던 작가가 세계 문학사에 과연 몇이나 있을까? 평생을 방랑자로 살아온 그의 삶에도, 그가 머물던 곳은 항상 고향 칼브의 나골트천을 떠올리게 하는 자연 — 잔잔히 흐르는 물과 전나무 숲 — 이 있는 장소였다. 스위스 국경 근처 가이엔호펜 역시 그런 장소 중 하나였다. 아름답고 조용한 시골 마을, 그곳에선 보덴호수 전경이 한눈에 내려다보였다.

1904년 7월, 헤세는 오랜 방랑을 끝내고 스위스 바젤 출신의 사진작가 마리아와 결혼하며 가이엔호펜에 정착했다. 그는 장남 브루노를 얻고 가족과 더불어 행복한 시간을 보냈으며, 이곳에서 첫 자전적 소설 『수레바퀴 밑에서』를 발표하여 작가로서 대중들에게 존재를 각인시켰다. 그는 자신의 글에서 이렇게 전한다.

> 그토록 많은 폭풍과 희생의 와중에서 나의 목표는 이제 도달된 것이었다. 그것이 제아무리 불가능해 보였어도 나는 결국 시인이 되었으며, 세상과의 길고도 끈덕진 투쟁에서 승리했다.
> - 『짧은 이력서』 중에서

독일에서 헤세 연구에 정통한 인물로 꼽히는 주어캄프 출판사의 편집장 볼커 미셸Volker Michels을 만나기 위해 슈투트가르트를 찾았다. 그는 열네 살 때 처음 『수레바퀴 밑에서』를 읽었는데, 경쟁 속에서 자신을 망치게 되는 한 학생의 운명에 강한 동질감을 느꼈다고 회상했다. 그는 "헤세는 단순히 지식과 정보만을 주입하

볼커 미셸 편집장

는 교육 방식과 감정적인 면이나 학생 개개인의 중요한 가능성에 대해 무관심한 교사와 사회에 항거하는 모든 젊은이 편에 서 있다"라고 했다.

이어서 이렇게 덧붙였다. "그는 현실을 과장하거나 미화하지 않고 시대

를 예리하게 분석해 표현하면서도 독자들에게 자포자기를 심어주지 않는다. 특히 그는 젊은이들에게 그들만의 독특한 재능과 타고난 특성을 찾아내어 이를 현실에서 실현하고 삶에 적용할 수 있다고 말한다. 이는 적절한 직업을 발견하거나 외부 환경의 풍조를 따르지 않고 자기 뜻을 관철하는 삶일 텐데, 이를 통해 누구든 의미 있는 삶을 살 수 있다는 메시지를 준다"라며 헤세가 가진 문학의 특별함을 설명했다.

헤세는 가이엔호펜에서 약 3년간 거주한 후, 보덴호수가 내려다보이는 언덕 위로 옮겨 새 집을 짓고 살았다. 그곳에서도 그는 새로운 창작에 몰두하며 『이웃사람들』과 『이세상에서』 등의 작품을 발표했고, 차남 하이너와 삼남 마르틴을 낳았다. 헤세에게 이 시절은 그의 가족사에서 가장 평화롭고 행복했던 순간이었을 것이다.

그의 두 번째 집으로 이어지는 길은 '헤르만 헤세의 길'이라 불리는 명소였다. 이 길을 따라 걷다 보면 나무 그늘 사이에서 들리는 새소리가 잔잔한 평온함으로 마음을 적신다.

> 내게는 아내와 아이들과 집과 정원이 있었다. 나는 책을 썼고, 온유한 시인으로 간주되었다. 내 생활은 한동안 고요하고 기분 좋은 방식으로 계속되었다.
> – 『짧은 이력서』 중에서

평화롭고 행복했던 순간은 채 10년을 넘지 못했다. 1914년, 독일은 "세계를 개선하겠다"라는 슬로건을 내걸며 제1차 세계대전의 소용돌이 속으로 젊은이들을 몰아넣었다. 헤세는 이러한 조국 독일의 국수주의에 정면으로 반기를 들고 투쟁했다.

세계 개선, 이처럼 나를 쉽게 화나게 하는 말이 있을까! 인간은 자기 자신의 이기심을 부끄러워하기 시작할 때 세계 개선에 대해 말하고 그 말 뒤에 숨기 시작한다.
-『세계 개선』 중에서

'세계 개선'을 명분 삼은 전쟁을 그는 단호히 거부했다. 이로 인해 독일 국수주의자들은 그를 배신자로 낙인찍었으며, 전쟁이 끝난 후에도 그의 존재는 조국에서 냉대받는다. 결국 그는 독일을 영원히 떠나 스위스 루가노 호수가 내려다보이는 몬테뇰라 언덕에 정착하여 생의 마지막 날들까지 세 번

몬테뇰라에 있는 헤세의 집 (흑백사진은 헤세가 살던 당시의 모습)

째 아내 니논과 함께 삶을 이어간다. 만년에는 눈 건강 때문에 집필보다 정원 가꾸기에 많은 시간을 보냈다고 전해진다.

만년의 헤세가 산책했던 몬테놀라 언덕을 촬영할 때 풀밭에서 뒹굴며 노는 구김살 없이 밝은 소녀들을 보았다. 부모의 욕망과 사회 규범, 그 어느 세계에도 물들지 않은 맑고 깨끗한 표정의 어린 소녀들. 어쩌면 이 소녀들의 눈으로 응시하는 세계가 헤세가 평생 방황하며 추구했던 자아 발견의 삶은 아니었을지.

군터 뵈머 교수

몬테놀라에는 카사 카무치라고 불리는 헤세가 살았던 또 다른 집도 있다. 이 집에서는 헤세와 삼십여 년 동안 깊은 인연을 맺었던 화가이자 스위스 바젤 대학교 미대 교수였던 군터 뵈머 교수가 살고 있었다. 그 집을 방문했더니 그의 아내가 위아래로 하얀 옷을 입고 지팡이를 손에 짚은 채로 마중 나왔다. 뒤이어 뵈머 교수가 나오는데 그도 위아래를 하얀색으로 맞춰 입고 나왔다. 인도 전통 의상인 쿠르타 스타일에 머리까지 하얗게 흰 모습을 보니 혹시 인도의 도인이 아닐까 하는 생각이 들 정도였다.

그는 헤세와 나이를 초월하여 하나의 빼어난 정신세계 속에서 깊은 교감을 나눈 소울메이트였다. 헤세와의 관계를 묻자 "헤세는 원숙한 시인이었고 나는 젊은 화가 지망생이었다"라며 "호기심을 가지고 만나면서부터 무엇인

뵈머 교수가 그린 헤세

가가 나타나게 되는데, 그것은 형제애였다"라고 말하며 "나에게 헤세는 인격을 도해하고 성장시키는 롤 모델"이라고 하였다. 그런데 그는 뜻밖의 이야기를 전했다. "헤세는 나에게서 롤 모델을 찾지 말고, 당신 자신이 롤 모델이 돼라!"고 말했다고 한다.

그는 "우리 각자는 서로 다른 가능성과 목표를 가지고 있다. 이에 대한 본보기를 찾을 때 헤세의 삶이 광범위한 본보기가 될 수 있다. 그러나 결정적인 것은 우리 각자가 내면에서 이러한 본보기의 한 부분을 찾고 발견하여 발전시키는 것이다. 우리는 누구나 내면에 한 조각의 하늘 또는 한 부분의 신을 가지고 있다. 예를 들면 선불교나 장자, 램브란트의 자질을 가지고 있다. 우리는 그것을 발견해야 한다. 헤세는 그 방향으로 인도하는 인물이다"라며 헤세가 가지고 있는 도덕적이고 윤리적인 부분에 대하여 설명했다.

그리고 그는 다시 한번 헤세의 가르침을 강조하며 말했다. "헤세는 내게 '자기만의 하늘을 가져라'라고 가르쳐준 사람이었다. 그는 나의 내면에 있는 '하늘Himmel : 힘멜'을 발견하도록 이끌어 줬다. 힘멜을 발견해라. 그것은 자기 존재가 비행할 수 있는 하늘을 찾는 것이다."

하이너 헤세

한편 몬테놀라 근처 아르체뇨, 외딴 숲 속 통나무집에는 헤세의 둘째 아들 하이너 헤세Heiner Hesse가 살고 있었다. 아들이 기억하는 아버지의 모습과 평생을 방황과 저항의 삶을 살았던 헤세는 아들들을 어떻게 키웠을까 하는 궁금증을 가지고 그의 집을 방문했다.

그는 "사람들은 사탕과 회초리로 아이들을 좋은 방향으로 끌고 갈 수 있다고 믿고 있다. 하지만 아버지는 부모가 보여주고 가까운 주변 환경이 나타내주는 모범적인 모습이 아이들에게 영향을 미칠 수 있다고 믿고 계셨다. 아버지에게 교육은 예를 들어 동물에게서 볼 수 있듯이 ― 억압하거나 통제하고 벌을 주는 것들이 없이 ― 아주 자연스럽게 행해져야 한다고 생각하셨다. 내가 자라온 것을 볼 때 아버지는 실제로 그와 비슷한 교육을 하셨다고 말할 수 있다. 아버지는 부모와 자식이 함께 놀이하는 방식으로 우리의 상상력을 키워주셨다. 그 외에는 어떤 행동을 하든 최대한의 자유를 주고 자유롭게 선택할 수 있도록 내버려두셨다"라며 억압된 환경에 저항했던 본인의 삶을 자식들에게 대물림하지 않았다고 회상했다.

끝없이 방황하며 찾아낸 '자기 자신'

헤세는 '편안함이란 곧 구속'이라고 여기며 방랑과 자기 탐구를 멈추지 않았다. 무한히 변신하며 정처 없이 떠도는 구름처럼, 끝없이 움직여 가는 자신의 삶을 '흰구름'이라는 시로 표현하기도 했다. "나는 프로테스탄트 신자였지만 나의 삶 또한 프로테스탄트였다"라는 그의 말처럼 자기의 존재를 '방랑자'라 칭했던 이유가 바로 여기에 있다. 그의 삶은 끊임없이 변화하며 새로운 세계를 향해 나아가는 여정이었다.

모든 생은 신이 내뱉던 숨결이고, 모든 죽음은 신이 들이마신 호흡인 것이다. 거역하지 않고 몸을 던지는 재주를 배운 자는 편안히 죽고 편안히 태어난다. 계속 거역하는 자는 죽기도 곤란하고 태어나는 것도 기쁘지 않다.
- 『클라인과 바그너』 중에서

생과 죽음에 대해 깊은 통찰을 담아낸 헤세는 1962년 8월 9일, 85세의 나이로 깊은 평온 속에 눈을 감았다. 그의 유해는 스위스 산 아본조 공동묘지에 안장되었다. 이곳은 지금도 그를 추모하려는 방문객들의 발길이 이어지고 있다고 한다.

묘지를 방문했을 때 그의 묘비 옆에는 니논 부인도 안장되어 있었다. 안식을 취하는 그들에게 한 다발의 추모 꽃을 놓고 돌아서니 문득 헤세는 이곳을 쉼표로 생각할까 아니면 마침표로 생각할까 궁금해졌다.

헤세의 목소리에 귀를 기울이며

취재를 마쳤을 때 "우리에게 주어진 틀 속에서 안주하면 도태된다. 내면에 잠재된 무한한 가능성을 탐구하라. 온전히 자신으로서 살아가라"라는 헤세의 목소리가 문득 들리는 듯했다.

새는 알을 깨고 나온다. 알은 새의 세계다. 태어나려고 하는 자는 하나의 세계를 파괴해야 한다. 그 새는 신에게로 날아간다. 신의 이름은 아프락사스다.
- 『데미안』 중에서

그의 목소리는 지금도 우리에게 묻고 있다.
"당신은 어떤 세계를 깨뜨릴 준비가 되어 있는가?"

02

Hermann Hesse

작품에 묻어나는
생애

Johann Wolfgang von Goethe

Friedrich von Schiller

시인이 되기 위한 방랑의 여정

Hermann Karl Hesse
1877.07.02 ~ 1962.08.09

헤르만 헤세는 독일 남서부의 작은 도시 칼브에서, 선교사였던 아버지 요하네스 헤세와 저명한 인도학자의 딸 마리 군데르트 사이에서 장남으로 태어났다.

어린 시절 라틴어 학교에 다니며 성직자의 길을 준비했다. 마울브론 수도원 신학교에 장학생으로 입학했지만 내면의 격렬한 갈등 속에서 "시인이 아니면 아무것도 되지 않겠다"라는 결심하며 학교를 뛰쳐나온다. 이로 인해 감금이라는 처벌을 받았고, 결국 자퇴하며 신학교를 떠났다. 방황은 계속되었다. 그는 짝사랑의 아픔으로 자살을 시도하기도 했고, 신경쇠약에 걸려 정신병원에서 치료받기도 한다. 다시 입학한 김나지움에서도 그는 학업에 흥미를 잃고 방황했고, 밤늦게까지 방탕하게 살며 빚을 지기도 했다. 결국 학업을 중단하고 학교를 그만두었다.

학교를 그만둔 후, 생계를 유지하기 위해 탑시계 공장에서 견습공으로 일하기도 했지만 이내 그만두고 서점 점원으로 일하게 되었다. 서점에서의 일은 그가 문학과 출판에 대한 열정을 다시금 불러일으키는 계기가 되었다. 그는 밤마다 서점 한쪽 구석에 자리 잡고 고전 문학 — 특히 괴테의 작품 — 들과 관련 자료를 탐독했다. 외할아버지로부터 물려받은 혈통 덕분인지 그리스어와 라틴어에도 큰 흥미를 느껴 이들 언어로 된 책들과 문학 작품들도 읽곤 했다. 그러면서 시를 쓰기 시작했으며, 심지어 그리스어나 라틴어로도 시를 썼다.

그는 이후에도 평생 학문과 자기 성찰에 몰두하며 정규 교육 과정을 이수한 사람들보다 더 '공부하는 삶'의 본보기가 되었다.

문학으로 승화시킨 세 번의 결혼

헤세는 살면서 총 세 번 결혼했다.

첫 번째 결혼은 사진작가 마리아 베르눌리와 이루어졌다. 그녀는 헤세보다 아홉 살 연상이었고, 유명 수학자 집안 출신이었다. 양쪽 집안 모두 결혼을 반대했다. 그들의 결혼식에는 단지 아내의 집에서 오빠와 여동생만 참석했을 뿐, 그 외의 양쪽 집안 가족들은 모두 참석하지 않았다. 온 가족의 축복을 받을 수 없다는 것을 알면서도 그는 왜 이 결혼을 선택했을까? 헤세는 그녀의 용모에서 어머니의 품 안으로 들어가는 듯한 모성을 느꼈다고 밝혔다. 사진을 보면 실제로 마리아는 헤세의 어머니와 유사한 이미지가 느껴진다.

시작은 험난했지만, 한동안 안락한 생활을 유지하고, 세 명의 아들을 낳으며 헤세가 아버지로서의 보람도 느꼈다. 가정의 기쁨도 잠시, 헤세의 예술

왼쪽은 헤세의 어머니 마리 군데르트, 오른쪽은 헤세의 첫번째 부인 마리아 베르눌리

적 예민함과 잦은 외출에 더해 예술가로서의 고독이 아내에게 정신적 부담을 주었다. 이로 인해 그녀는 신경과민과 우울증이 겹쳐 결국 정신 질환으로 병원에 입원하게 된다. 또한 셋째 아들 마르틴의 뇌막염으로 인한 고통과 아버지의 죽음 등 연이은 불행 속에서 두 사람의 결혼은 결국 파경을 맞는다.

두 번째 결혼은 성악가 루트 뱅거와의 사랑에서 시작되었다. 첫 번째 결혼과는 달리, 이번에는 그녀의 나이가 헤세보다 무려 스무 살이나 젊었다. 헤세는 어린 루트에게 '새로운 활력'을 느꼈고, 그녀를 위해 『픽토르의 변신』이라는 사랑 동화를 쓰는 등 깊은 애정을 표현했다. 그러나 헤세는 가정이라는 속박보다는 자유와 방랑을 갈망하며 집 안의 삶보다는 집 밖의 생활에 더 치중했다. 이러한 생활 방식은 갈등을 더 키웠고, 이를 해결하기는커녕 두 사람은 각자 다른 사람과 외도하며 관계를 더 악화시켰다. 결국 깊어진 감정의 골은 이혼 소송이라는 결말로 이어졌다.

헤세와 루트 뱅거

마지막으로 50세가 된 헤세는 미술사학자 니논 돌빈과 세 번째 결혼한다. 그녀는 유부녀였지만 헤세를 향한 깊은 애정을 숨기지 않았고, 뜨거운 구애를 보냈지만, 그가 받아들이지 않자 그를 떠난다. 그녀의 빈자리를 크게 느낀 헤세는 결국 그녀와 결혼을 결심한다. 결혼을 약속하자 그녀는 공식적으로 이혼 절차를 밟으며 그의 아내가 될 준비를 마쳤다.

니논과의 삶은 이전과는 달랐다. 이해심 많고 자애로운 그녀는 헤세를 적극적으로 수용해 주는 반려자였다. 그녀와의 관계에서 헤세는 비로소 마음의 안정을 되찾고 순수한 정신적 이상향을 탐구하며 삶의 전환점을 경험했다. 이 시기, 그는 말년의 대표작 『유리알 유희』를 완성한다.

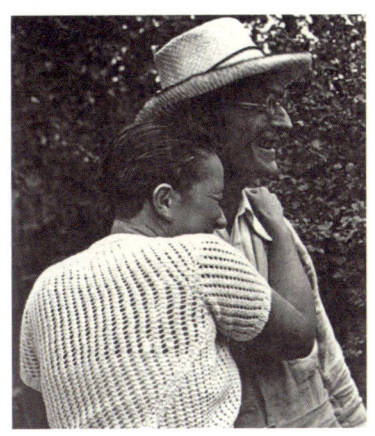
헤세와 니논 돌빈

헤세는 이러한 결혼 경험을 자기 작품 속에서 다양한 캐릭터로 재탄생시켰다.

평화주의자 헤세

헤세는 생애 동안 두 차례의 세계대전을 직접 경험한다. 제1차 세계대전 초기에는 그도 독일 국민으로서 병역을 지원하며 조국에 기여하려 했다. 신체 조건으로 인해 실제 복무는 하지 못했지만, 독일 입장에서 전쟁이 불가피하다는 생각에서 이런 선택을 한 것이다.

그러나 독일군이 벨기에를 침공하면서 그는 점차 독일 정부에 대해 비판적인 입장으로 돌아섰다. 특히 독일 학자와 작가들이 편협한 애국주의를 내세워 적국 타도를 선동하는 언동에 경악한 그는 '친구여, 제발 그쳐다오!'라는 글을 발표하며 공개적으로 전쟁을 반대했다. 이에 대해 독일 언론은 그를 '조국의 배신자'와 '얼치기'라 칭하며 맹렬한 비난과 공격을 퍼붓는다.

이 시기에 그는 프랑스 작가와 교류를 시작하며 사랑과 평화를 외치고 반전 문학운동에 적극 참여한다. 또한, 독일 포로들을 위문하는 활동에도 열의를 다한다. 이러한 경험은 그의 신념을 더 강화했고, 결국 전쟁은 그에게 철저한 평화주의자로서의 길을 걷게 만든 것이다.

이렇다 보니 전쟁이 끝난 후에도 헤세는 독일에서 환영받지 못하고, 조국을 배반한 작가로 낙인찍히게 된다. 그는 결국 독일 국적을 포기하고 1923년부터 스위스 국민으로 살아간다.

제2차 세계대전 직전부터는 상황이 더 악화된다. 당시 독일의 나치 정권은 그의 작품을 정치적 이유로 배척했고, 출판에 필요한 종이 공급을 중단시켜 그의 책이 독일에서 출간될 수 없도록 막았다. 나치 통치 기간 동안 독일에서는 사실상 그의 작품이 존재하지 않는 상태가 이어졌다. 이 시기에 그의 작품들은 스위스에서 출간된다.

그러다 1945년, 제2차 세계대전이 끝난 뒤 헤세는 새로운 전환점을 맞이한다. 과거 그를 비난의 대상으로 몰아세웠던 독일이 그를 '위대한 독일 작가'라며 칭송하기 시작했다.

스위스와 독일 양국은 경쟁적으로 그의 작품을 출판하며 헤세의 문학적 가치를 재조명했고, 그의 명성은 널리 회복되었다.

창작과 정신적 구도자의 길

 '시인이 아니면 아무것도 되지 않겠다'라고 한 다짐 때문이었을까. 그는 스물한 살 때 첫 번째 시집 『낭만의 노래(Romantische Lieder)』를 출간하며 작가로서의 첫걸음을 내디딘다. 그러나 이름이 알려지지 않은 작가의 작품은 대체로 판매량이 저조할 수밖에 없다. 그의 첫 시집 역시 기대 이하의 결과를 넘어 거의 팔리지 않는 처참한 상황에 놓였다. 그럼에도 그는 좌절하지 않고 꾸준히 작품을 발표하며 작가의 길을 이어간다.

 작가로서의 명성을 얻기 시작한 건 가이엔호펜으로 이주한 뒤 창작에 몰두하며, 문명에 대한 비판적 시각을 담은 발전소설 『페터 카멘친트』을 출간하면서부터다. 이때부터 그는 '인생이란 원래 고독한 것'이라는 주제를 바탕으로 참된 행복을 찾기 위한 탐구에 몰두한다. 그 결과 탄생한 작품이 『수레바퀴 밑에서』이다. 이 소설은 그의 어린 시절과 학교 경험에서 비롯된 위기를 반영한 것으로, 헤세가 작가로서 단단한 입지를 다지는 전환점이 되었다.
 가이엔호펜에서 안정된 삶을 누리게 되었으나, 동시에 그 안락함을 불편하게 여기는 자신을 깨닫게 된다. 어떤 형태로든 구속당한다는 것은 그가 가장 싫어하는 것이기 때문이다. 구속에서 해방되고자 그는 유럽의 도시들과 세일론, 수마트라, 싱가포르, 인도를 포함한 아시아 각지로 여행을 떠난다. 그의 여행은 단순히 장소의 이동을 넘어, 안주에 대한 거부감과 그 자신에 내재된 방랑자의 기질을 드러내는 여정이기도 했다. 이 경험은 작품 속에 깊이 녹아 있다.

'위대한 작품은 극한의 시련 속에서 탄생한다'라는 말이 있다. 그의 대표작 중 하나인 『데미안』에 딱 어울리는 표현이라고 해도 과언이 아니다. 그는 심각한 노이로제에 시달려 C.G. 융의 제자인 J.B. 랑 박사에게 정신과 치료를 받는다. 이 과정에서 정신요법과 정신분석은 그의 창작 활동에 새로운 계기가 되었으며, 무의식의 세계와 악마이기도 한 신 아프락사스에 대한 깨달음은 『데미안』의 주요 모티브가 되었다. 그는 이 작품을 에밀 싱클레어라는 필명으로 발표했지만 예상치 못하게 폰타네 문학상을 수상했는데, 초보자들에게 주어지는 상임을 감안하여 이를 거부했고 이후 자신의 본명으로 『데미안』을 재출간했다.

　중년에는 전 세계에 자신의 이름을 알리게 되는 대표작 『황야의 이리』를 발표하여 젊은 층, 특히 히피^{hippie} 문화의 아이콘으로 자리 잡는다. 뒤이어, 또 다른 명작인 『나르치스와 골드문트』를 내놓으며 작가로서 성공적인 궤적을 이어간다.

　말년에 이르러 그는 삶과 주변에 대해 긍정적인 태도를 견지하면서 순수한 정신의 이상향을 탐구하기 시작했고, 이를 바탕으로 대작 『유리알 유희』를 완성한다. 이 작품은 그에서 괴테상, 노벨 문학상에 이어 빌헬름 라베 문학상과 독일 최고의 문화 훈장 '푸르 러 메리트'까지 안겨주며 그의 문학적 유산을 한층 빛나게 했다.

헤세와 니논 묘비

방랑 끝에 남긴 유산

1962년 8월 9일, 헤르만 헤세는 85세의 나이로 조용히 세상을 떠났다. 평생 인간 존재의 본질, 자유, 저항, 그리고 평화를 주제로 노래하며 69편의 문학 작품과 52편의 그림을 남긴 채.

"너는 이래야 한다"라는 말에 맞서 자기 안의 목소리를 따랐고, 자신만의 방식으로 삶을 재구성하며 나아갔던 헤세는 알을 깨고 누구보다 깊고 멀리 날아간 새가 되지는 않았을까.

꽃을 그리는 헤세

헤세가 그린 수채화들

03

Hermann Hesse

정 PD가
Pick한
　　헤세 작품들

Johann Wolfgang von Goethe

Friedrich von Schiller

자아를 찾으려는 사람에게

헤세는 평생 '자아를 찾기 위한 치열한 자기 탐구'를 삶의 주제로 삼았다. 기독교적 가치관 속에서 성장했지만, 그 경계를 넘어서 불교, 힌두교, 노장사상 등 동양의 철학에까지 경도되며, 끊임없이 정신적인 세계를 확장해 나갔다. 그의 작품 하나하나에는 청년기부터 노년에 이르기까지 그의 사유와 체험이 고스란히 녹아 있다. 인간의 내면 탐구와 자아 발견, 그리고 개인과 사회 간의 갈등은 그가 평생 붙잡고 놓지 않은 화두였다.

오늘날에도 그의 작품이 꾸준히 읽히고 있는 이유는 바로 이 '세대를 초월한 공감의 힘' 때문일 것이다. 진정한 자아를 찾고자 하는 이들에게 헤세는 정신적 길잡이이자 위로의 존재로 다가온다. 그가 전하는 메시지를 그의 대표작을 통해 만나보기를 권한다.

수레바퀴 밑에서 *Unterm Rad*

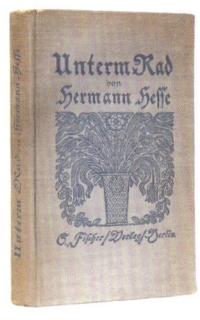

"재능이 뛰어난 아이에게 한꺼번에 불행이 닥쳐온 겁니다"

이 작품은 헤세 자신이 어린 시절에 겪은 경험을 바탕으로 한 자전적인 소설이다.

한스 기벤라트는 총명한 머리를 지녔지만, 아버지와 교장의 기대, 지역 사회의 압박 속에서 자신의 욕망과는 무관한 길로 밀려난다. 엄격한 기숙 신학교에 적응하지 못하고 건강이 악화된 채 고향으로 돌아와 시계공장에 들어가지만 '신학교 대장장이'라는 경멸적인 별명으로 불리며 점점 더 고립된다. 여기에 소녀 엠마와의 만남마저 짧게 끝나면서 그의 상처는 커져만 간다. 결국 외로움 속에서 비극적인 죽음을 맞는데…….

이 작품은 학생에게 과도한 경쟁과 억압을 강요하는 교육 체제를 비판하며, 개인이 진정한 행복과 충만함을 찾는 것이 중요하다는 점을 강조한다. 특히 주인공 한스의 이야기와 사춘기를 겪는 청소년들의 감정 묘사는 독자들에게 공감과 울림을 전한다. '십대들의 필독서'로 불릴 정도로 청소년들에게 큰 반향을 일으켰다.

하지만 나는 이 작품이 오히려 부모들에게 꼭 필요한 작품이라 생각한다. 특히 자녀의 인생을 설계하려 들고 지나친 간섭을 미덕으로 여기는 부모들이라면 반드시 읽어야 할 책이다. 사랑이라는 이름으로 강요된 선택들이 어떻게 한 인간의 삶을 병들게 하는지를 돌아보게 하기 때문이다.

'어떻게 해야 자녀를 올바르게 키울 수 있는지'를 고민하는 부모를 위해, 헤세가 '자녀를 있는 그대로 존중하고 올바른 자율성을 키워야 한다'라는 메시지를 전하려고 쓴 작품이 아닌가 싶다.

데미안 *Demian*

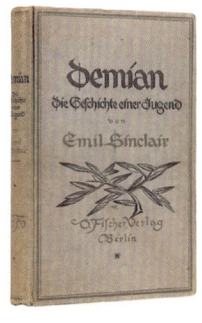

내면을 찾아가는 지침서

『데미안』은 헤세가 작가로서 존재감을 드러낸 작품이다. 제1차 세계대전 이후 독일의 젊은 세대 사이에서 큰 사랑을 받았다. 제2차 세계대전에 참전한 군인들의 배낭 속에는 성경 다음으로 『데미안』이 있었다고 하니, 그 엄청난 인기를 짐작할 수 있다.

이 작품은 주인공 에밀 싱클레어가 어린 시절 부모의 보호 아래 있는 밝고 안정된 가정의 세계와 동네 불량배 크로머와의 만남을 통해 접하게 되는 어둠과 불안으로 가득 찬 외부 세계 사이에서 혼란과 갈등을 겪는 모습으로 시작된다. 대립은 이후에 그가 만나는 인물들을 통해 더 심화된다. 그중에서도 가장 중요한 인물인 데미안은 아주 특별한 영향을 미치는 신비로운 존재로, 선과 악의 경계를 넘나들며 싱클레어가 자신의 내면을 탐구하도록 이끈다. 그는 싱클레어에게 아브락사스라는 신의 개념을 소개하며, 모든 것이 내면에 공존하는 것을 깨닫게 한다.

이 작품을 쓰기 전, 헤세는 정신분석치료를 받을 정도로 삶에 큰 위기를 겪고 있었다. 그에게 정신분석은 내면의 혼란에 대처하는 '치료'라는 일차원적인 목표를 넘어 내면 탐구를 통해 '무의식의 존재'를 깊이 이해하게 되는 계기였다. 『데미안』은 이러한 내면의 혼란을 문학으로 승화시킨 결과물이다.

나는 이 작품을 인생의 새로운 전환점에서 자아를 돌아보고 싶을 때 꺼내 읽어볼 만한 지침서로 추천한다. 특히 '나는 어떤 존재인가?', '지금 내가 올바른 삶을 살고 있는가', 혹은 '편안함에 안주해서 더 나아가지 못하는 것은 아닌가?'라고 느낄 때, 이 책을 통해 자신의 내면에서 나오는 소리에 귀 기울여보라고.

싯다르타 *Siddhartha*

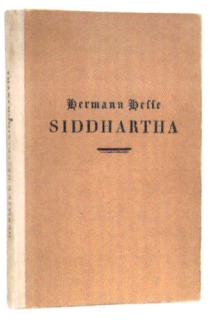

"삶 속에서 만난 모든 이들이 스승이었다"

『싯다르타』는 동양철학과 신비주의에 대한 깊은 이해를 바탕으로 인간의 영적 탐구와 자아 발견을 다룬 걸작이다.

싯다르타는 브라만의 아들로 특권과 안락함을 누리며 자랐지만, 참된 깨달음을 얻지 못하고 출가를 결심한다. 친구 고빈다와 고행을 떠나 금욕 생활과 명상을 통해 자기 내면을 탐구하기도 하고, 부처 고타마를 만나 그의 가르침에 감명받기도 하지만, 궁극적인 답을 얻지 못한다. 이에 세속적 삶으로 돌아가 카밀라라는 여인과 사랑에 빠지기도 하고, 상인 카마스와미의 제자로서 물질적 풍요도 경험한다. 이러한 삶도 그에게 참된 만족을 주지 못한다. 모든 것을 버리고 떠난 그는 강가에서 자살 충동을 겪게 되는데, 그곳에서 만난 뱃사공 바주데바를 통해 깨달음에 다가서게 된다.

헤세는 동양의 사유 체계와 서양의 사상을 결합해 인간 존재와 진리라는 근원적인 문제를 깊이 있게 탐구한다. 그는 다양한 인생 경험을 통해 '삶을 살아가는 방법은 각기 다르며, 자신의 길은 체험을 통해 찾을 수 있다'라고 강조한다. 그러면서 삶이 곧 수행이므로 끊임없이 자기 내면에 들어가서 자신을 돌아보라고 권한다.

헤세는 동아시아의 외교관이었던 외할아버지의 영향과 자신의 인도네시아 여행을 통해 동아시아의 사상과 지혜에 몰입했다. 이후 그의 작품 속에는 동양 고전의 현자와 스승들이 빈번히 등장한다. 서양인의 눈으로 본 동양의 진리 탐구 과정은 우리에게 더욱 친근하면서 흥미로운 경험을 제공한다.

황야의 이리 *Der Steppenwolf*

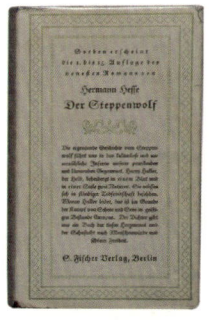

**우리가 살고 있는 세상은 진짜 현실인가?
마술극장의 일부인가?**

『황야의 이리』는 50대에 접어든 헤르만 헤세가 자신의 삶에서 겪은 위기와 정신적 방황을 바탕으로, 인간의 이중성을 다룬 작품으로 사실상 그의 자전적 고백서라 할 수 있다.

하리 할러는 인간성과 야수성을 상징하는 두 대립된 자아 사이에서 갈등하며 깊은 정신적 고뇌와 극심한 고독에 휩싸인다. 그는 낯선 마을에서 매혹적인 인물 헤르미네를 만나게 되며, 이를 계기로 음악과 춤, 매춘과 마약 등 이전에는 금기시되었던 새로운 경험에 눈을 뜬다. 이후 초현실적인 '마술극장'으로 들어가 자신의 다양한 자아들과 대면하게 되고, 기계화된 문명에 대한 반발과 인간이 마치 체스판의 말처럼 조종당하는 현실에 대해 회의를 품는다. 이 과정에서 살인과 같은 극단적 행위조차 인간 내면 탐구를 위한 상징적 장치로 기능하며, 보다 높은 차원의 실재와 조화를 추구하기 위한 시도로 이어진다.

헤세는 이 작품을 통해 인간 본성과 자아 발견이라는 보편적 주제를 성찰하며 독자들에게 진정한 자신을 찾아가는 여정을 제안한다.

이 작품은 헤르만 헤세라는 이름을 전 세계에 각인시켰으며, 1960~70년대 히피 문화와 반전 운동에 큰 영향을 미쳤다. 특히 저항적이고 자유로운 삶을 추구하던 68세대는 이 작품을 하나의 정신적 지침서로 여길 정도였다. 현재 이 작품은 60개 이상의 언어로 번역되어 세계 곳곳의 독자들에게 자아 성찰과 내면의 자유에 대한 깊은 메시지를 전달하고 있다.

나르치스와 골드문트 *Narziß und Goldmund*

"이성과 감성, 금욕과 쾌락은 하나의 정신이며 서로 얽혀 있었다."

『나르치스와 골드문트』는 중세 수도원을 배경으로 대조적인 삶을 살아가는 두 주인공의 특별한 우정을 그린다.

나르치스는 철학과 신학을 연구하며 이성과 진리를 탐구하는 수도자로 수도원 생활 속에서 자신의 길을 찾으려 한다. 반면 골드문트는 동심을 소유한 몽상가로 감성과 예술을 추구하는 자유로운 방랑자로 수도원을 떠나 사랑과 예술, 삶과 죽음을 경험하며 삶의 복잡한 면모를 이해하고, 내면의 불멸과 자신의 정체성을 탐구한다. 서로 다른 삶의 길을 걸으면서도 본질적으로 연결된 두 사람의 이야기는 인간 존재의 복잡성과 아름다움에 대한 깊은 통찰을 선사한다.

헤세는 이 작품에서 이성과 감성, 종교와 예술, 금욕과 쾌락이라는 요소를 통해 인간 존재를 탐구하며, 각각의 삶이 가지는 의미와 가치를 깊이 있게 고찰하며, 삶은 다채롭고 서로 다른 방식으로도 충분히 진리에 다가설 수 있다고 말한다.

이 작품은 관계 맺기를 어려워하는 사람들에게 권한다. 우리는 누구나 이성과 감성, 이기심과 연민처럼 상반된 감정을 품고 살아가는 존재지만, 자신이나 타인을 쉽게 단정 지으며 경계를 짓는다. 그럴수록 사람과 관계 맺기는 더욱 힘들어진다. 너무도 다른 삶을 살아간 두 사람이 서로의 존재를 통해 자신을 더 깊이 이해하고, 진정한 우정을 나누는 과정을 읽다 보면, 다양한 삶의 방식이 공존할 수 있음을 알게 되며 차이를 딛고 관계를 이어가는 지혜를 발견하게 될 것이다.

유리알 유희 Das Glasperlenspiel

"우리에게는 동화적인 공간으로서의 세계가 필요하다"

『유리알 유희』는 헤세의 대표작이자 그의 문학적 정수와 철학적 사유가 집약된 작품으로, 총 13년에 걸쳐 완성된 진지한 탐구의 결과물이다.

작품의 배경은 미래의 유토피아 사회인 카스탈리엔으로, 이곳은 엘리트들이 집중적으로 학문과 예술을 연구하는 이상적인 공간이다. 25세기로 추정되는 미래의 어느 시기, 한 전기 작가가 200년 전에 살았던 전설적인 유리알 유희 명인 요제프 크네히트의 자료를 모아 그의 일대기를 쓰기 시작하며 작품이 시작된다.

주인공인 요제프 크네히트는 어린 시절 학문적 재능을 인정받아 카스탈리엔의 유리알 유희 기숙 학교인 발트첼에 진학한다. 이후, 그는 동양 사상에 깊이 빠져 공자, 장자, 주역을 배우고 중국학의 대가에서 동양적 지혜와 신부이자 역사학자인 야코부스를 만나서 학문의 폭을 넓히며 유리알 유희 명인으로 성장한다.

유리알 유희는 단순한 놀이가 아닌 수학, 철학, 음악 등 다양한 영역의 학문을 통합해 고도로 추상화된 상징적 표현을 만들어내는 활동으로, 인간 정신의 숭고함과 내면의 깊이를 통해 외부 세계의 갈등과 화해를 추구하는 일종의 정신적 연금술이다.

크네히트는 카스탈리엔 최고 권위자인 '유희 명인'으로 선출되어 유리알 유희를 훌륭하게 마무리하는 동시에 최고의 유희 전문가들을 교육하는 일에 자신의 재능을 쏟아붓는다. 하지만 카스탈리엔의 고립된 생활에 의문을 품고 내적 갈등을 겪게 된다. 이때 옛 친구인 데시뇨리를 통해 세속 세계의 현실과 접하면서 이상과 현실 사이의 괴리를 깨닫고, 명인의 자리에서 물러나 세속 세계에서의 새로운 삶을 선택한다. 그의 여정은 극적인 엔딩으로 강렬한 여운을 남긴다.

작품 속 '유고'는 크네히트가 남긴 시와 세 편의 이력서로 구성되어 있다.
첫 번째 이력서는 고대 기우사 크네히트의 이야기이고, 두 번째는 중세 유럽의 고해사 파물루스의 삶을 조명하며, 세 번째는 명상과 수행을 통해 자기 내면을 탐구하는 인도의 수행자 다사의 삶을 담고 있다. 크네히트(Knecht), 파물루스(fámŭlus), 다사(दास : Dāsa)라는 이름은 각각 독일어, 라틴어, 산스크리트어로 모두 '하인' 혹은 '섬기는 사람'이란 뜻인데, 모두 유희 명인 요제프 크네히트를 말한다.

헤세는 두 차례의 세계대전을 경험하며 전 인류의 정신적 문제에 깊은 관심을 기울였고, 욕망과 금욕, 혼돈과 질서, 삶과 죽음, 동양과 서양, 선과 악 등 다양한 양극적 문제를 해결하기 위해 평생 고민했다. 유리알 유희는 그러한 삶의 고심 끝에 완성된 작품으로, 한 인간의 삶을 통해 자아 완성을 추구하는 과정을 다층적으로 보여준다. 또한, 지식 정보 사회, 멀티미디어, 판타지, 가상현실, 정신 건강과 명상을 중요한 모티프로 담고 있어 오늘날에도 현대적인 고전으로 평가받고 있다.

사실 이 작품은 방대한 내용과 심오한 철학적 의미로 인해 선뜻 손이 가는 작품은 아니다. 그럼에도 작품을 읽게 되면 "이제는 당신이 스스로 깨닫고, 자신의 길을 찾아서 살아가라"라는 헤세의 강렬한 메시지를 만날 수 있다. 사회의 혼돈과 피로 속에서 자신의 길을 찾아 나설 때 이 작품은 안내서처럼 큰 영감을 찾도록 도움을 준다.

04

Hermann Hesse

내 안에 숨어 있는
하늘을 찾아서

Johann Wolfgang von Goethe

Friedrich von Schiller

저항의 삶에 다가가다

취재를 위해 칼브에 도착했을 때였다. 그곳 사람들에게 헤세의 발자취를 따라온 방문객들은 여느 때처럼 익숙한 풍경인 듯 보였다. 그런데 그들은 한국에서, 방송국이 취재를 왔다는 사실에 매우 놀라워하며 신기해하는 듯했다. 취재하러 갔지만 오히려 취재당하는 아이러니한 상황이 발생했다.

칼브 지역신문 기자가 내게 다가와 "왜 독일까지 오게 되었느냐"라고 물었다. 나는 "한국에서는 젊은 시절에 헤세의 작품을 많이 읽는다. 그의 문학에 관심이 있는 독자가 상당히 많다. 그래서 헤세를 조명하고자 취재를 왔다"라고 답했다. 내 답변의 의미가 제대로 전달되기를 바라며.

일정에 따라 촬영과 인터뷰로 정신없이 보내고 이튿날 아침, 식당에서 식사하고 있는데, 식당 주인이 신문 한 장을 들고 와 "이 신문 기사에 나온 사람이 당신 아니냐?"라면서 먼저 말을 걸어왔다. 반가운 마음에 기사를 확인

1985년 8월 2일자, 칼브 지역 신문 기사,
사진 맨 왼쪽이 필자

해 보니, 아뿔싸! 내 의도와는 다르게 작성되어 있었다. 그 기자는 「그래서 였을까. 어제 한국의 대학생들이 또 반정부 데모를 했다」라고 기사를 썼다. 마치 헤세의 문학이 한국의 젊은 세대에게 저항 정신을 심어준 것처럼 해석될 수밖에 없는 의미를 부여한 것이다. 개인적으로는 지나치게 연결 지었다고 밖에는 볼 수 없었지만, 그들의 시선으로 그렇게 본 것을 가지고 '아니다, 완전히 틀렸다'라고 할 수도 없었고, 상대에게 그 의도가 아니었다고 명확히 설명하고 기사를 정정할 수도 없는 상황이었다.

　기사의 파급력은 컸다. 취재하러 다니다 보면 신문을 본 주민들이 우리에게 관심을 보였는데, 마치 우리가 칼브의 스타가 된 것 같은 기분이 들면서도 미디어가 주는 영향력이 얼마나 대단한지 새삼 느끼게 되는 순간이었다.

인터뷰이가 전해준 고귀한 선물

전문가와의 인터뷰는 다큐멘터리에서 중요한 포인트 중의 하나이다. 그런데 간혹 인터뷰를 진행하다 보면 인터뷰이로부터 뜻밖의 선물을 받는 경우도 있다.

슈투트가르트에서 만난 볼커 미셸 편집장은 인터뷰를 마친 뒤 자기가 만든 책이라며, 내게 헤세 사진집 한 권을 선물해 주었다. 헤세에 대한 기본적인 내용이 모두 수록되어 있다는 말도 빼놓지 않았다. 내용은 매우 정리가 잘 되어 있었고, 이전에 보지 못했던 헤세와 그의 가족 사진들은 그의 삶을 이해하는 데 큰 도움을 주었다. 그 책은 추억을 떠올리는 매개체가 되어 지금도 내 서재 한 곳에 소중하게 간직되어 있다.

주어캄프 출판사 발간

카사 카무치에서 만난 뵈머 교수는 인터뷰를 준비할 수 있는 시간이 부족해서 미안하다는 말과 함께 "사실 헤세가 가지고 있는 더 중요한 전위적인 부분은 순수함과 예술의 추상화였다"라고 설명했다. 그러면서 자기는 그림을 그리는 사람이니까 인터뷰보다는 그림으로 말해주겠다고 하면서 그 자리에서 자신이 가장 좋아했던 헤세의 생전 모습 ― 전쟁을 증오하고 자

군터뵈머 교수의 작품,
『수레바퀴 밑에서』 Deutscher Bücherbund 발간

유를 사랑하는 헤세의 모습 - 을 스케치했다. 이내 그림을 완성했지만 "이런 건 필요 없다"라며 바로 찢어버리는 것이었다. '그림이 완성되면 주겠거니' 생각하고 있었는데……. 그러면서 "헤세와 관련하여 필요한 내용이 있으면 이 책을 참고로 하십시오"라며 자기가 그린 그림이 수록된 책을 건네주었다. 그 책이 바로 『수레바퀴 밑에서』이다.

훗날, 아마 2000년이라고 기억한다. 우리나라에서 헤르만 헤세 기념관을 만든다고 해서 건립위원회 위원을 만난 적이 있다. 그때 뵈머 교수 얘기가 나왔었는데, 나와 인터뷰한 그다음 해에 돌아가셨다는 소식을 전해 들었다. 나와의 인터뷰가 그의 생애 마지막 인터뷰가 아니었을까 싶다. 그가 직접 건네준 책을 소장하는 사람도 이제는 나뿐이 아닐까 싶다.

나는 지금도 헤세를 떠올릴 때 그 교수가 "당신에게 하늘이 있느냐 없느냐! 네가 네 존재를 비행할 수 있는 하늘이 있느냐 없느냐! 그거를 발견하게끔 만든 사람이 헤르만 헤세이고, 그의 문학이 오늘날 독자에게 주는 의미가 거기에 있다"라고 얘기했던 기억이 떠오른다.

『픽토르의 변신』은 인터뷰이에게서 받은 책은 아니지만 헤세가 연애 시절 작성했던 손 편지를 엮은 동화이며, 그가 직접 수작업으로 책을 엮었다는 설명을 듣고 현지에서 구매했다.

이 책은 사랑 이야기가 담긴 아주 재미있는 동화다. 주인공 픽토르는 낙원에 들어가서 소원을 들어주는 붉은 보석을 만나, 나무가 되기를 원하고, 그렇게 나무가 된다. 한동안은 만족스러웠지만 모든 존재가 영원한 변화의 마법 흐름 속에서 끊임없이 변하고 있다는 사실을 깨닫는다. 금발의 아가씨를 보고 나무라는 형태를 넘어 그녀와 하나가 되고자 하는 강한 소망을 품게 된다. 마법의 보석 덕분에 그는 그녀와 완전한 하나가 되어 원하는 대로 변화를 자유롭게 누릴 수 있게 된다.

『픽토르의 변신』

이 이야기는 만물과의 교감을 통해 우주적 연결성을 이야기하는데, 동양 사상의 영향을 받은 것 같다.

헤세의 아들은 아버지의 교육 놀이가 인위적이지 않고 아주 자연스럽게 행해졌다고 전했다.

"아버지는 오후 5시쯤 서재에서 나오셔서 종이를 나눠주며 각각 다른 언어를 적게 했다. 예를 들어 우리가 '하늘'이나 '다람쥐' 같은 단어를 적으면 전혀 연결되지 않을 것 같은 두 단어를 이어보고, 그걸 가지고 이야기를 만드는 놀이를 했다"라는 일화를 전해 주었다. 그러면서 "부모와 자식이 함께 놀이하는 방식을 통해 내 상상력이 커졌다"라고 하는 것이었다.

이 말을 듣고 크게 감동했다. 당시 나는 서른일곱 살이었고, 초등학생 한

명과 미취학 아동 한 명을 둔 아버지였다. 교육 방법에 대한 새로운 시야가 열리는 계기가 되었다. '아! 나도 헤세처럼 자녀들 교육을 좀 창의적으로 해야겠다'

새롭게 태어나는 문을 찾고, 그 문을 열면

헤세의 문학에는 '마법'과 '동화'라는 단어가 참 많이 나온다.

'마법'은 어린이다운 상상력과 같은데, 의미 없는 세계에 어떤 의미를 부여하고 그 의미를 새롭게 발견하려는 일련의 행위를 지칭한다. '동화'는 마법이라는 상상력을 통해 열리는 공간, 즉 새로운 세계를 의미한다. 이 두 단어는 서로 밀접하게 연결되어 있다.

헤세가 노발리스로부터 영향을 받지 않았나 싶다. 노발리스는 "동화는 현 세계의 총체적인 도구로, 끝없이 변화하는 전 생명체처럼 영원한 낭만적 결합이자 더 높은 세계를 반사해 주는 놀라운 빛이다. 마치 신화와 성경처럼 동화는 신비로운 단 한마디 말로 통속적인 것에 고상한 의미를, 일상적인 것에 신비로운 외양을, 알려진 것에 낯선 품위를, 유한한 것에 무한한 의미를 부여함으로써 인생과 사회를 문학적으로 만든다"라며 "세계는 낭만화되어야 한다. 그래야 사람들은 원래의 의미를 다시 발견한다"라고 했다. 이 '낭만화'란 곧 동경, 즉 그리움이다. 무언가를 끊임없이 찾고 헤매는 과정이며, 바로 그것이 동화라는 것이다.

예를 들어 『청춘은 아름다워라』에서 헤세가 묘사하는 유년 시절은 어떻게 보면 아름답고 행복했던 전설 같은 시간인 동시에 잃어버린 자신의 존재를 찾아 인간이 돌아가야 할 근원적인 시간으로 인식하고 있는 것처럼 보인다. 그에게 유년 시절은 인간이 가지고 있는 자유롭고 마법 같은 상상력으로 세상을 하나의 동화적인 공간으로 이해하는 시간이었다고 볼 수 있다.

이처럼 그의 작품에서 마법이라는 키워드를 염두에 둔다면, 세상이 가지고 있는 비밀의 문, 즉 일상 속에 숨겨진 비일상적인 세계의 문을 여는 것이 아닌가 싶다. 이러한 문을 열었을 때 세상이 가지고 있는 진실과 아름다움이 드러나는 것이다. 이는 일상적인 세계만 살아가는 사람들에게 존재하지 않는 새로운 차원의 세계이다. 헤세는 어린아이와 같은 마법적인 상상력으로 비일상적인 새로운 세계를 보고 그 문을 열라고 말한다. 그 문 ― 동화적인 공간 ― 이 열리면 세상은 너무나 아름답다는 것이다. 이 동화적인 공간은 보다 높은 차원의 세계로 인도하는 하늘의 별 같은 존재와도 같다.

헤세는 싱클레어가 데미안을 통해 이분법적 세계에서 벗어나고, 싯다르타는 바주데바를 통해 깨달음을 얻고, 크네히트가 순수한 마음을 가진 어린아이를 위해 죽음으로써 재생의 세계로 안내하듯이 우리를 동화적인 공간으로 인도하는 안내자가 아닌가 싶다. 어린아이와 같은 존재가 성장하며 유혹을 극복하고 고도의 정신세계 속에서 창조적으로 완성된 인간으로 발전해 나가기를 바라면서.

결국 그는 '인간 존재란 무엇인가?', '우리는 이 세상을 어떠한 모습으로 어떻게 살아야 하는가?'라는 근본적인 질문을 통해 우리에게 깊은 사유와 통찰을 제공하려 글을 쓴 것이 아닌가 하는 생각이 든다.

깊이 있는 교감으로 열리는 세계관

헤세를 비롯하여 대문호들의 고향을 다니는 문학기행 프로그램의 제작 과정에서 내가 느꼈던 특별한 희열은 '어떤 하나의 키워드 속에서 새로운 세상을 발견하는 기쁨, 그리고 그 세상에 빠져드는 도취감'이었다.

예를 들어 빅토르 위고가 쓴 『레 미제라블』에는 코제트가 일했던 여인숙이 있는 프랑스의 몽페르메유라는 마을이 등장한다. 그곳을 방문했을 때, 촌장이 동네 안내를 해주다 어느 허름한 길을 가리키며 "이 길은 우리 동네에서 가장 자랑스럽게 여기는 곳이다. 장 자크 루소가 걸었던 길이고, 또 누가 걸었고……." 이런 식으로 멋들어지게 설명하는 것이었다. 그들이 가진 '멋'은 보잘것없어 보이는 길에도 어떤 명분을 부여해 아주 소중하게 여기는 공간으로 승화시키는 데 있었다. 이 길은 마을 주민들에게 중요한 역사를 담고 있는 공간으로, 길을 없앤다는 것은 기억과 역사를 지워버리는 것이기에 상상할 수조차 없는 일이라고 했다. 우리나라였으면 어땠을까? 다 허물고 새로운 것을 짓지 않았을지 하는 생각이 들어 무척 부러웠다.

취재를 통해 이런 배경을 알게 된 이후에 다시 그 장소를 바라보면 빅토르 위고나 장 자크 루소의 속삭임이 얼핏 들리는 듯한 착각에 빠질 때도 있었다. 하루를 마치고 취재일지를 쓸 때면 낮에 돌아다녔던 길이 떠올랐다. 내일이 되면 일정에 따라 다른 동네로 향해야 했기에 오늘 다녔었던 길을 더는 볼 수 없다는 생각에 아쉬움이 밀려오곤 했다. 동시에 착각처럼 느꼈던 작가의 속삭임이 사실이었는지도 확인하고 싶어 다시 채비를 차리고 길을 나서면, 다른 동료들로부터 "좀 미친 것 같다"라는 소리도 들었었다. 하지만 그 길은 내게 지리적인 공간을 넘어 작가의 심리적인 공간으로 다가왔기에 걸음을 멈출 수 없었다. 홀로 나와서 그 길을 조용히 돌아보면 낮에 느꼈던 감각이 다시 피어났고, 빅토르 위고나 장 자크 루소의 목소리가 얼핏 들리는 듯했다. 아니 분명하게 들렸다! 작가의 내면 깊숙한 공간과 마주하는 느낌은 내게 명확히, 도취감 그 자체였다. 이처럼 작가들의 울림에 사로잡히는 경험은 문학기행 프로그램을 제작하며 얻은 가장 큰 기쁨이었다.

앞서 말한 '일상성 속의 비일상적인 공간'이라는 것은 바로 이런 키워드를 통해서 새로운 세계를 깨닫게 되는 것이다. 의미 없는 것이 어떤 맥락 속에서 의미를 얻게 되면 더 친근감을 느끼게 되고 기쁨을 줄 수 있는 것으로 바뀌는 것. 문학기행을 통해 내가 배운 것은 평범하다 못해 뻔한 그림이나 풍경에 작가의 정신이 끼어들어 감으로써 그 이미지가 생명력을 얻어 살아서 움직이게 되는 것이다. 그것이 바로 마법의 문이 열리는 경험, 그 경이로운 시작이다.

나는 그 마법의 순간이 정말 무슨 의미인지 경험으로 체득하여 알게 되었다. 엠마 보바리가 나오는 동네를 촬영할 때인데, 드넓은 초록색 들판을 배경으로 한가하고 평온해 보이는 전형적인 농촌이었다. 그런데 거기에 빨갛게 피어 있는 개양귀비꽃이 눈에 들어왔다. 흔히 볼 수 있는 하나의 꽃이었지만, 이 꽃 안에 변함없는 농촌 생활에 지루해하던 엠마 보바리의 뜨거운 욕망을 상기시킬 수 있는 무언가를 느낄 수 있었다. 그로 인해 개양귀비꽃은 단순한 꽃이 아니라, 보바리의 영혼과 그녀의 에로티시즘을 이해하는 열쇠로 작용하게 되었고, 마법이 열리는 문으로 거듭나게 되었다.

이와 같이 이미지는 현실 속에 숨겨진 또 하나의 현실, 즉 초현실적인 공간으로 우리를 이끈다. 일상이란 현실 속에서 우리가 꾸는 꿈처럼, 이미지는 보이는 세계를 넘어 보이지 않는 비(非)일상의 공간 속으로 이끌어간다. 이미지 앞에 상상력을 발휘할 때, 우리는 그 문을 열고 초현실적인 공간으로 들어갈 수 있다.

나는 마법의 언어가 분명 있다고 믿는다! 아무리 쓸쓸하게 느껴지는 공간이라도 그 안에서 영혼의 흔적을 발견했다면, 그곳은 쓸쓸한 공간으로만 남지 않는다. 그 영혼과 동행하는 하나의 길이 되는 것이다. 우리는 그 영혼과 함께 길을 나서는 새로운 여정을 시작하게 되는 것이다. 이는 헤르만 헤세의 소설 속 이야기에서만 볼 수 있는 허구적인 내용이 아니라, 실제로 삶을 진정으로 풍요롭게 살아가는 방법이다.

이런 경험들로 인해 내 PD 생활은 문학기행 전과 후가 완전히 달라졌다. 특히 이미지를 어떻게 만들어 가는지에 대해서 많은 깨달음을 얻었으며, 도취감에 대한 관점도 크게 바뀌었다. 이전에는 술을 통해서만 도취할 수 있다고 생각했었지만, 문학을 통해서도 도취할 수 있다는 것을 느끼게 된 것이다.

내가 느낀 도취, 감동을 미디어를 통해서 세상과 나누고 싶다는 생각에 이르렀고, 이를 프로그램 제작의 본질로 삼았다. 이 같은 경험을 바탕으로 후배 PD들에게도 "PD란 성장하고 변화하며 자신을 새롭게 만들어가는 체험을 텔레비전과 미디어를 통해 세상과 나누는 역할을 해야 한다"라고 조언하곤 했다.

　교수가 되어 대학에서 강의나 집필할 때도 "이미지의 본질은 무엇인가", "작가 또는 어떤 영혼과의 만남을 주는 이미지로 어떤 것이 있는가.", "이미지는 마법의 문을 열어가는 하나의 요소다." 같은 얘기를 자신 있게 할 수 있었다. 특히 PD를 지망하는 신문방송학과 학생들한테는 "PD는 완벽한 인간이 되려고 늘 노력해야 한다. 항상 성장하고 변화되고 자기가 새로워지려고 노력하는 그 체험을, 텔레비전을 통해, 미디어를 통해 세상과 나눌 수 있어야 한다"라고 말했다.

　제작 현장과 교육 강단을 떠난 지 오래되었지만, 여전히 이 생각은 변치 않는다. 그것은 어쩌면 도가에서 말하는 이심전심(以心傳心)의 작용이자 불교에서 얘기하는 붓다의 미소가 아닐까 생각한다. 선배가 후배에게, 부모가 자녀에게 자연스럽게 주고받으면서 서로의 삶을 풍요롭게 만드는 하나의 방법이라고 믿는다. 이런 본질적인 교감이야말로 인격을 갖춘 인간다움이라고 생각하지만, 현실에서 그런 교감을 이루지 못하는 경우가 너무 많다는 점을 자주 실감한다.

문학이 있는 삶

　문학을 읽는다는 것은 자기 삶의 언어를 발견하고 음미하는 과정이라고 할 수 있다. 이를 통해 삶은 훨씬 더 풍요롭고 깊이 있는 방향으로 나아갈 수 있게 된다. 특히 고전을 읽게 되면 문학적 상상력이 자라나고, 사고의 폭과 깊이가 확장되면서 세상을 완전히 새롭게 볼 수 있는 존재로 거듭나는 놀라운 경험을 하게 된다. 지금까지의 내 존재는 그저 이 정도에 불과하다고 여겼지만, 문학이라는 창을 통해 새로운 언어와 접촉한 이후로 내가 전혀 다른 존재로 변모하는 삶을 경험하는 순간은 마치 헤르만 헤세가 말한 마법 같은 순간을 살아가는 것과도 같다. 이와 같은 새로움으로 가득 찬 하루하루가 결국 나를 다시금 새롭게 태어나게 하는 날들이다. 이는 문학이 선사하는 가장 높은 차원의 효과, 가장 값진 선물이다. 이 얼마나 멋진 일인가!

부끄러운 고백이지만 그동안은 작품의 원서를 읽기보다는 주로 국문 번역본이나 조금 더 나아가도 영문 번역본을 읽는 데 그쳤다. 물론 번역본은 매우 훌륭했지만 그럼에도 불구하고 원어가 주는 어떤 깊이나 작가와의 친밀감을 느끼기에는 뭔가 부족하다는 생각이 들곤 했다. 어떻게 하면 작품과 더 가까워질 수 있을지 고민하던 차에, 뵈머 교수가 준 『수레바퀴 밑에서』가 떠올랐다. 아직 그 책을 한 번도 펼쳐보지 않았다는 사실에 그에게 미안한 마음도 들었고, '이 책은 반드시 읽어야겠다'라는 다짐이 생겼다. '원서를 읽게 되면 내가 정말 좋아하는 헤세를 더 좀 깊이 있게, 더 친근하게 만날 수 있지 않을까?' 하는 기대도 품게 됐다. 이렇게 결심하고 나니 마치 헤세가 나에게 '자, 당신 말이야. 내 글을 독일어로 읽어보라고' 이렇게 속삭이는 것 같았다. 헤세와 만나 교감한다는 마음으로 원서 『수레바퀴 밑에서』를 읽기 시작했다.

처음 책을 펼쳤을 때는 정말 자신 있었다. 한때는 슈피겔Der Spiegel : 독일 대표 주간지를 꼬박꼬박 읽기도 했고, 주변에서 "너 독일어 잘하는구나!"라는 소리도 종종 들었었다. 심지어 독일어 교수에게서 "네가 신방과에서 독일어를 제일 잘 한다"라는 칭찬도 들었었다. 그런 자신감으로 책을 펼쳤는데 '까만 것은 글씨요. 하얀 것은 종이구나'. 내가 독일어를 거의 잊어버린 상태라는 것을 실감했다. 독일어를 30년 만에 다시 접해 보니, 격변화는 기억나지 않고 단어마저도 다 잊어버렸다. 어쩔 수 없이 서점에서 독일어 문법책과 사전을 구매해 옆에 두고 찾아보면서 읽어보는데, 도무지 진도가 나가지 않았다. 답답함은 물론이고 원서를 읽을 생각을 하니 막막해졌다. '아. 이거 내가 미친 놈이 아닌가. 옛 기억만 가지고 객기를 부린 것은 아닌가.' 후회도 했다. 오기가 생겨 문자 그대로 꾸역꾸역 읽어 나갔다. 그렇게 3주 정도 지났을까. 잠들어 있던 기억이 새록새록 나면서 어렴풋이 문장의 구조가 보이고, 단어가 눈에 들어오기 시작했다. 더듬거리는 수준이었지만 감이 잡혔다는 생각에 무척 기쁘고 한편으로는 안도했다. 그런데 웬걸 낚시하는 대목에 이르자 등장하는 물고기의 종류가 왜 그렇게 많은지 단어 찾느라고 꽤 많이 고생했다. 그렇게 단어 하나하나를 찾아가며 원서 『수레바퀴 밑에서』를 완독했다.

원서를 통해 헤세를 느껴보니까, 원어로 읽을 때만 느낄 수 있는 또 다른 감동을 체험하게 되었다. 이후 문학기행 프로그램에서 다루었던 다른 작가들을 원서로도 만나보고 싶다는 생각이 들어 스탕달의 『적과 흑』 같은 작품들을 읽기 위해 프랑스어를 조금 공부하며 단어나 문장을 해석하려고 노력하기도 했다.

언어에는 혼과 감정이 담겨져 있다. 그래서 나는 지금도 주변 사람들에게 "해외 작가의 작품에서 깊은 감명을 받았던 경험이 있다면, 그 글을 원서로 다시 한번 읽어보시라. 책 전체를 다 읽지 않더라도 감명받은 부분만큼은 꼭 원어로 접해보는 것이 좋다. 번역이 미처 전달하지 못하는 새로운 의미를 찾을 수 있을 것이다"라며 원서 읽어보기를 권하고 있다.

문학을 통해서 헤세를 만났지만, 그의 삶을 통해 나는 젊은 시절에는 아버지로서 어떤 역할을 해야 하는지, 그리고 한 인간의 삶 — 특히 공부하는 삶 — 에 대해서도 배우게 되었다.

은퇴한 지금, 양수리에 있는 서재에 홀로 앉아 있지만, 대문호들과 책을 통해 여전히 교감할 수 있다는 사실은 내게 진정 큰 행복으로 다가온다.

사실 내가 서재를 가지게 된 이유에도 헤세의 영향이 있었다. 그의 서재를 보고 큰 감명을 받아 '나도 저런 서재를 하나 만들어야겠다'라는 결심을 하게 되었다. 그래서 아내에게 여러 번 부탁한 끝에 지금의 서재를 갖출 수 있었다. 그런데 가끔 아내가 농담처럼 "나는 당신이 바라던 서재를 마련해 줬는데, 당신은 나를 위해 무엇을 해줬느냐?"라고 물으면, 그저 웃을 수밖에.

보덴호수가 내려다보이는 가이엔호펜의 농가에서 살았던 헤세처럼, 이곳 양수리는 나에게 가이엔호펜과 같은 곳이 아닐까 생각하곤 한다. 헤세처럼 나는 오늘도 마법의 문을 열기 위해 양수리 서재로 들어간다.

서재 창밖으로 북한강이 보인다.

01

Hermann Hesse

영원한 자유인
프리드리히 폰 쉴러

Johann Wolfgang von Goethe

Friedrich von Schiller

문학기행, 뷔르글렌에서
루체른 호수를 지나 마르바흐까지

유럽에서 가장 아름다운 나라로 손꼽히는 스위스.

41,285km^2의 비교적 작은 면적 안에 4,000m 이상의 높은 산을 45개나 품고 있는 이 나라는 대표적인 산악국가면서 만년설로 이루어진 순백의 자연이 깨끗함과 순수함을 돋보이게 하는 곳이다. 스위스는 그저 아름다운 풍경만으로 빛나는 것이 아니라, 개척 정신과 자유를 향한 강렬한 열망 속에서 다져진 민중의 뜨거운 피로 쓴 투쟁과 승리의 역사가 더해져 그 매력이 한층 빛난다.

스위스가 오늘날 세계적으로 인정받는 독립국으로 자리 잡기까지는 오랜 시간이 필요했다. 1468년 완전한 독립을 이루기 전까지, 약 1,500년에 가까운 세월 동안 로마제국, 프랑크 왕국, 신성로마제국의 합스부르크 가문 같은 당대 최고의 세력들에 의해 침략과 지배를 겪었다. 그러나 스위스인들은 자유와 독립을 포기하지 않았기에 끊임없이 투쟁하며 저항했다. 이러한 배경 속에서 태어난 전설적 인물 '빌헬름 텔'은 단순한 영웅이 아니라 스위스 자유정신의 상징이 되었다.

이 전설을 바탕으로 독일의 대문호 쉴러가 집필한 『빌헬름 텔』은 인간의 본원적인 자유 의지를 생생히 그려내어 전 세계인의 사랑을 받고 있다. 특히 스위스에서는 독립 정신을 대변하는 문학 작품으로 여겨지며, 셰익스피어의 고전 작품들에 비견되는 평가를 받기도 한다.

작품의 배경을 듣기 위해 만났던 고려대학교 독일문화연구소장 한봉흠 교수는 다음과 같이 말했다.

"이 작품은 스위스가 오스트리아, 헝가리 지배 하에서 억압받던 국민들을 해방시키는 내용인데, 쉴러가 스위스에 내려온 전설을 기반으로 썼습니다. 아들의 머리 위에 놓인 사과를 쏴 맞추고 자기를 죽이려고 했던 폭군을 죽이는 항거와 투쟁과 극복이라는 요소가 쉴러의 세계 안에서 이상화되고 있는 자유 개념, 억압으로부터의 해방과 정확하게 일치됩니다. 그래서 그는 이 작품에 열정적으로 매달렸고, 불과 6주 만에 완성했습니다.

그는 이 작품을 완성할 때에 이렇게 말했습니다. '하나님이 이 작품을 완성할 수 있는 자비를 나에게 베푸신다면 이 작품은 아마도 독일의 전 무대를 뒤흔들 것이다.' 그런데 오늘날에 이 작품을 보면 독일의 무대를 뒤흔드는 것이 아니라 전 세계의 연극 무대를 흔들어 놓은 불멸의 명작으로 성장했습니다."

취재를 위해 스위스로 향하는 내내 '빌헬름 텔이라고 하는 하나의 전설 속에서 고난을 극복하고 자유를 쟁취했던 스위스인의 원초적인 자유 의지를 직접 확인하면, 시련에 처한 사람들에게 힘을 얻고 이겨낼 수 있는 계기를 제공하는 용기와 희망을 주는 프로그램을 만들 수 있지 않을까? 그렇게 하기 위해 어떤 콘텐츠, 어떤 이미지를 담아야 할까?'라는 생각이 머릿속을 맴돌았다.

자유의 정신을 발견하기 위해 작품의 무대였던 뷔르글렌Bürglen, 알트도르프Altdorf, 루체른Luzern 호수와 플뤼엘렌Flüelen, 그리고 쉴러가 태어났던 독일 마르바흐Marbach 시내를 주요 코스로 삼고 취재하기로 했다.

취재의 첫발을 디딘 곳은 스위스의 수도 베른Bern이었다. 『빌헬름 텔』을 읽으며 막연히 상상해 왔던 스위스의 이미지가 실제로 어떤 모습일지 궁금했기 때문이다.

베른은 인구 15만 명 정도의 소규모 도시로 중세의 분위기를 간직하고 있는 아름다운 도시이다. 렌즈 너머로 비치는 도시의 전경에서 느껴진 첫인상은 '자유로움과 평화로움'이었다. 거리에서는 다정히 손을 잡고 지나는 연인들, 광장에서는 대화를 나누는 아버지와 아들이 보였다. 그들은 유럽 산악지대 사람들 특유의 강한 외모를 지니고 있었지만, 행동이나 말투에서는 여유로움과 온화함이 깃들어 있어 보였다. 스위스가 지나온 역사와 경제적 풍요, 높은 복지, 그리고 다양한 문화적 공존과 무관하지 않겠다는 생각이 들었다.

8월 1일 스위스 건국 기념일을 며칠 앞두고 있어서 스위스 각 주를 상징하는 깃발들이 거리를 수놓고 있었다.

전설의 시작

뷔르글렌은 알프스산맥의 고지대에 있는 작은 마을로, 빌헬름 텔의 고향으로 알려져 있다. 취재를 시작하려니 뷔르글렌 시 홍보 담당관이 직접 나와 취재 지원을 해주며 이렇게 말했다. "빌헬름 텔은 우리에게 역사적 인물인 만큼 제대로 다뤄주셨으면 좋겠습니다"라며 그는 취재 자료와 가이드북을 제공했고, 취재하는 내내 함께하면서 다양한 정보를 공유해 주기도 했다.

빌헬름 탈렌의 초상화

이곳에는 빌헬름 텔이라고 알려진 인물의 초상화가 있다. '탈(Tal)'이란 어원은 독일어로 계곡을 뜻하는데, 여기서 유래된 그의 이름은 '계곡에서 온 빌헬름'이라는 의미를 담고 있다.

한스 무하임 박사

빌헬름 텔의 전문가인 한스 무하임 Hans Muheim 박사는 이렇게 설명했다. "오늘날 텔의 출생에 관한 정확한 기록은 남아 있지 않지만, 당시 '텔'이라는 성(姓)을 가진 가문이 존재했으며 1470년에 작성된 자르넨백서에도 '텔'에 관한 이야기가 기록되어 있습니다. 또한, 텔의 생가 자리에는 사당이 세워졌다는 점 등은 그의 실존 가능성을 뒷받침하고 있습니다." 그러면서 "중요한 것은 '텔'의 실존 여부보다 그가 스위스 자유의 상징으로 지금까지 존경받고 있다는 사실이며, 이것이 바로 쉴러가 그의 작품에서 추구했던 주제입니다. 박해받고 있던 약소국가의 국민이 그들의 국민적 영웅에게 의지하여 자유를 쟁취하고자 했던 역사는 분명히 존재합니다. 이런 점에서 전설의 영웅 빌헬름 텔은 스위스 독립의 구심점이 된 것입니다"라며 텔을 문학 작품 속의 가상 인물로 국한하는 것이 아니라 역사로 전승되고 있는 실존 인물에 조금 더 무게를 두었다.

'전설은 시간이 지나면 신앙으로 변하고, 신앙은 흔히 기념비적인 공간을 만들어낸다'라는 말이 있다. 뷔르글렌 마을 교회 뒤에는 텔이 살았다고 전

텔의 사당 내부 벽화들

해지는 자리에 1580년에 세워진 텔의 사당이 있다. 사당 내부에는 그의 일생을 묘사한 11폭의 벽화가 있는데, 이 벽화는 1949년 사당 보수 작업 중에 발견되었다고 한다.

사당 안에는 1시를 가리키고 있는 시계가 눈길을 끌었다. 스위스인들을 하나로 결속시키려 했던 빌헬름 텔의 자유와 독립의 정신일까?

이 시계가 1시를 가리키는 한 자유는 영원할 것이다
- 빌헬름 텔 중에서 -

마을 한쪽에는 스위스 독립과 자유를 위해 싸운 그들의 용기와 정신을 영원히 기념하기 위해 빌헬름 텔과 그의 아들을 기리는 동상이 세워져 있다.

작품과 현실이 교차하는 이곳에서, 그의 말을 들으니, 텔이 민중의 기억 속에 살아 숨 쉬는 존재임을 느꼈다. 또한 억압되지 않으려는 자유정신이 스위스 사람들의 삶과 가치관 속에 깊게 스며들었을 것이라는 생각도 들었다.

억압에서 자유로

알트도르프는 독일어 "Alt(오래된)"와 "Dorf(마을)"라는 두 단어가 결합한 지명으로, 이름처럼 오랜 역사를 품은 작은 마을이다. 이곳은 작품 속의 모습과 역사적 기록을 동시에 확인할 수 있는 중요한 장소이다.

쉴러는 작품에서 이 마을을 게슬러가 주민들을 감시하기 위해 성을 쌓고, 자신을 상징하는 모자를 걸어두며 주민들에게 그것에 경의를 표하게 하는 억압의 장으로 그리고 있다. 그리고 빌헬름 텔이 아들의 머리 위에 올라간 사과를 향해 화살을 맞추며 갈등의 최고조이자 해방을 향한 서막을 열었다고 묘사했다.

> 사과를 얹었던 이 작은 머리에서 자유의 정신이 움틀 것이다.
> 시대는 반드시 변한다. 아무리 거친 땅이라도 새로운 생명은 싹틀 것이다.
> - 빌헬름 텔 중에서 -

한봉흠 교수는 "텔은 사과를 맞춰야 살 수 있고, 그렇지 않으면 아들을 희생시킬 수밖에 없는 절체절명의 위기에 놓여 있습니다. 우선 아들 위에 사과를 겨냥한다는 것은 텔의 담이 크다는 것을 알 수 있고, 사과를 맞춘다는 것은 궁사로서 그의 능력이 대단히 뛰어나다는 점을 알 수 있습니다. 또한 보는 사람에 따라서 이 장면을 여러 가지로 해석할 수 있겠지만, 텔의 사과는 명궁의 상징으로써 유럽이 가지고 있는 기술의 상징이라는 것으로 해석할 수 있습니다. 또 아들이 머리 위에 사과를 향해 화살이 날아올 때 '나는 하나도 떨지 않았다'라고 말을 합니다. 이는 아들이 아버지의 능력을 대단히 신뢰하고 있다는 것을 나타내줍니다. 즉, 스위스 사람들이 선조들을 신뢰하고 있다는 세계관을 나타내줍니다. 그러니까 엄청난 감격을 주는 것입니다."라며 이 장면이 가진 의의를 설명해 주었다.

그가 이 마을을 사건의 배경으로 선택한 것은 결코 우연이 아닐 것이다. 역사적으로 이곳은 정복자에 맞서는 저항세력의 중심지로 알려져 있다. 다

츠빙우리 성터

알트도르프 가는 길에 있는 사과모양 간판

만 역사적인 기록을 살펴보면 게슬러가 쌓았다고 알려진 성은 알트도르프가 아닌 약 7km 남쪽의 츠빙우리^{Zwing-Uri}에 있었다. 국가문화유산이라는 말에 방문했으나, 성터만 남아 있어 옛 자취를 느끼기란 쉽지 않았다.

취재를 마치고 알트도르프를 둘러보니, 과거 게슬러에게 저항했던 빌헬름 텔을 기념하기 위해 세워진 동상과 화살이 꽂혀 있는 붉은 사과 모양의 간판이 인상적으로 눈길을 끌었다. 정복에 맞선 저항의 상징과 평화로운 광장을 지나는 연인들과 뛰노는 아이들의 모습이, 작품 속 상징과 역사적 사실이 서로를 비추며 조화롭게 공존하는 느낌을 주었다.

자유의 물길

플뤼엘렌은 작품에서 클라이맥스를 장식했던 곳이다. 이곳은 피어발트슈테터 호수^{Vierwaldstättersee}(우리에게는 루체른 호수로 알려져 있다)가 내려다보이고, 알프스의 웅장한 풍경이 보이는 고요하면서도 아름다운 마을이다.

루체른은 라틴어로 '빛'이라는 뜻이다. 쉴러는 작품에서 텔이 게슬러에게 체포되어 호송될 때 바로 이 루체른 호수를 지나게 되는데, 때마침 불어온 폭풍우의 도움으로 탈출에 성공한다고 썼다. 이는 마치 스위스의 정신과 자유를 상징하는 빛처럼, 작품 속 지명에 담긴 뜻을 통해 스위스인의 자유와 독립의 이미지를 감각적으로 드러낸 셈이다. 쉴러가 위대한 작가라는 것이 새삼 느껴지는 대목이다.

피어발트슈테터 호수에 있는 선착장

루체른에 온 관광객 대부분은 유람선을 타고 호수를 한 바퀴 도는 코스를 일정에 꼭 넣을 것이다. 그림처럼 아름다운 풍경과 역사적 의미를 품은 기념물들이 이어지는 광경을 보면 시간 가는 줄 모를 만큼 매력적인 경험을 선사한다. 특히 유람선이 젤리스베르크Seelisberg쪽을 지나게 되면 스위스 자유정신의 상징처럼 서 있는 쉴러쉬타인Schillerstein으로 불리는 약 20m 정도 높이의 기념비를 만나게 된다.

　쉴러를 기리며 그의 탄생 100주년을 기념해 건립된 이 기념비는 "빌헬름 텔을 노래한 가객 쉴러(DEM SAENGER TELLS F. SCHILLER DIE URKANTONE 1859)"라는 문구가 새겨져 있다. 공사는 1859년에 시작되어, 이듬해인 1860년에 완공된 이후 오늘날까지 이어지고 있다. 원래 기념비는 자연암석으로 만들어져 높이가 30m가 넘었으며, '신화석(Mythenstein)'으로 불렸다고 한다. 하지만 배 항로에 위험을 초래한다는 이유로 공사를 통해 현재의 높이로 축소했다고 한다.

쉴러 탄생 100주년 기념비(쉴러쉬타인)

　이 지역 한편에는 빌헬름 텔이 화살을 쏘았다고 전해지는 장소에 그의 동상이 세워져 있다. 관광객들을 위해 설치된 측면도 있겠지만, 이 동상은 텔의 자유를 향한 투쟁의 상징성을 더 부각하게 만든다.

클라이맥스의 현장

루체른에서 탈출한 텔은 독재자 게슬러를 처단하기 위해 복수와 자유의 화살을 준비한다. 그 결전의 장소가 바로 홀레 가세 Hohle Gasse다. 독일어로 '골짜기의 좁은 골목길'이라는 뜻을 가진 이곳은 슈비츠 지방으로 가는 유일한 길이었다. 백여 미터 남짓한 좁은 숲길은 하늘이 보이지 않을 정도로 나무가 울창하고, 인적이 드물었다고 하니 습격하기 좋은 장소였다.

홀레 가세

텔의 화살을 맞고 죽음을 맞은 게슬러

쉴러는 이 소박해 보이는 숲길을 스위스인의 자유와 독립으로 향하는 상징적이고 환상적인 길로 그려냈다. 알프스의 가장 순수하고 깨끗한 이미지를 담아내며, 그 길을 때 묻지 않은 자유의 상징으로 승화시킨 것이다.

텔은 게슬러에게 화살을 쏘기 전 이렇게 외친다. "나를 억압하려는 자의 심장을 겨누겠다! 아들 머리 위에 놓인 사과를 정밀히 맞춘 내가 그 심장을 못 맞출 리 있겠는가!" 텔는 게슬러에게 정의와 자유를 상징하는 화살을 날려 독재자를 처단하고, 이로 인해 스위스인들은 자유를 되찾는다.

한봉흠 교수는 이 장면이 가진 의미를 "게슬러를 활로 쏘아서 죽임으로써 스위스가 해방되는 동시에 그렇게 갈구하던 자유를 같이 나누게 되는 겁니다. 그러니까 게슬러를 죽이는 행위는 쉴러가 갈구했던 자유, 권력의 횡포에 항거하고 부정, 부패, 불의, 착취에 대해서 저항해 온 모든 정신세계가 꽃을 피우는 장면인 것입니다."라고 설명했다.

작은 골짜기 하나에서 시작된 이 위대한 서사는 스위스 민중의 정신을 일깨우고, 자유의 상징으로 남게 된다. 쉴러는 이 이야기를 통해 문학이 현실을 어떻게 변화시키고, 사람들의 가슴 속에 영원한 이상을 새겨 넣을 수 있는지를 보여주었다.

길 끝에는 텔의 영웅적 행동을 기리는 귀스나크Küssnacht 사당이 개선문처럼 세워져있다. 이 사당은 스위스 국민들에게 자유와 독립의 의미를 되새기게 하는 영원한 기념비로 남아 있다.

연극과 자연의 감동

인터라켄Interlaken이라는 이름은 '호수와 호수 사이의 도시'를 뜻하며, 가까운 곳에는 알프스의 대표적인 정상(봉우리) 중 하나인 융프라우가 자리 잡고 있다. 이곳은 시 홍보 담당관의 추천으로 방문하게 되었다. 취재와 직접적인 연관은 없었지만, 추천 이유에 대한 궁금증을 품고, 융프라우 산악열차를 타고 전망대로 향했다. 푸른 들판과 마을로 시작된 풍경은 점차 검회색 암벽의 바위산을 지나 하얀 설원으로 변하며 황홀감마저 안겨주었다. 전

전망대에서 바라본 알프스 융프라우

망대에 도착하니 알프스가 왜 그토록 많은 이들에게 사랑받는지를 단번에 이해할 수 있었다. 눈앞에 펼쳐진 구름과 빙하, 그리고 자연의 경이로움은 마치 신이 창조한 걸작을 직접 보는 듯했다. 이 같은 비경을 목격한 사람이라면 누구나 나처럼 경탄을 금치 못할 것이다. 취재하러 온 이유도 잊은 채, 잠시 '여기 와서 이런 호사를 누릴 수 있다니'라는 생각이 스쳤다.

노천극장에서 공연하는 '빌헬름 텔'의 한장면

홍보 담당관이 인터라켄을 추천한 두 번째 이유는 '빌헬름 텔 연극'을 꼭 관람해야 한다는 것이었다. 마침, 오늘 공연이 있는 날이라며 촬영도 하고 공연도 보라고 제안하는 것이었다. "나중에 다시 촬영하는 것은 어렵지 않느냐, 이번 기회를 놓치지 말라"는 조언을 받아들이자, 그는 우리를 극장으로 안내해 주었다.

극장은 다가올 공연을 준비하는 사람들로 분주했는데, 그 규모에 놀라움을 금치 못했다. 마치 마을 전체가 하나의 거대한 세트장과도 같았기 때문이다. "매년 아마추어 배우들을 선발해 공연을 이어가며, 1912년에 첫 공연을 시작해 지금까지 그 역사를 이어오고 있다"라고 말하는 극장 관계자에게서 자부심과 열정이 느껴져 무척 부러웠다.

공연은 고증을 거친 의상과 소품, 그리고 사람과 말의 조화가 어우러져 마치 중세로 돌아간 듯한 몰입을 안겨주었다. 독일어를 조금 더 잘했다면, 작품을 조금 더 깊이 이해할 수 있었다면 공연을 제대로 즐길 수 있었을 텐데, 지금 생각해도 그 부분이 아쉬움을 남았다.

공연은 매년 7월 초부터 8월 말까지 매주 목요일과 토요일에 열리는데, 홍보 담당관 덕분에 정말 좋은 취재 아이템을 얻은 것은 물론이고 공연 관람까지 할 수 있어서 특별한 경험이었다.

자유의 정신을 울리는 쉴러의 고향, 마르바흐

쉴러에 대한 취재는 주로 스위스 지역을 무대로 했지만, 사실 그는 독일 남부의 넥카^{Nckar} 강 근처에 있는 아담한 도시 마르바흐^{Marbach}에서 태어난 독일 사람이다. 마르바흐는 쉴러의 시작과 끝이 공존하는 도시로, 전 세계인들에게 사랑받는 쉴러를 기념하기 위한 생가와 국립박물관이 있다.

그의 문학 세계를 이해하는 첫걸음이자, 그가 살았던 시대와 삶을 온전히 느끼기 위해서 그의 생가를 찾았다.

생가Niklastorstraße 31 in Marbach는 오랫동안 제과점과 포도주 술집으로 이용되어 오다가 1858년 쉴러 탄생 100주년 기념으로 마르바흐 시 당국에서 사들여 옛 모양 그대로 개조한 후 '쉴러 기념관(Schiller-Geburtshaus)'으로 운영하고 있었다.

그가 네 살까지 살았던 생가는 목조와 회벽이 어우러진 전형적인 18세기 슈바벤 지방 양식의 2층 집이었다. 그의 집은 1층에 있었는데, 단칸방으로 이루어진 작은 공간이었다. 방에는 탄생을 축하하는 화환과 함께 그의 석고 흉상이 놓여 있었고, 벽에는 부모의 초상화가 걸려 있었다. 부엌에는 집안 식구 수만큼의 식기류가 단출했던 당시의 삶을 고스란히 보여주듯 진열되어 있었다. 2층은 그의 가족이 살던 당시 주인집이었는데, 쉴러가 어린 시절 입던 옷들과 사용했던 문구 등이 진열되어 있었다.

셋방살이는 물론이거니와 부엌마저도 공동시설로 여러 가족이 함께 사용했다는 이야기를 들었을 때, 경제적으로 여유롭지 못했던 그의 삶이 한 편의 파노라마처럼 머릿속을 지나갔다.

생가를 나와 남서쪽으로 걸으면 고즈넉한 언덕 위에 자리한 쉴러국립박물관Schillerhöhe 8-10, 71672 Marbach am Neckar이 나온다. 이곳에는 쉴러를 포함한 독일

쉴러 생가 내부

쉴러 부모님의 초상화

쉴러 유품들

기념관으로 사용되고 있는 쉴러 생가

쉴러국립박물관

프리드리히 폰 쉴러 동상

문학가들의 육필 원고들이 전시되어 있었다. 박물관을 마주보고 있는 곳에서 나는 가장 멋진 쉴러를 만났다. 그것은 바로 청년 시인으로서의 꿋꿋한 기상을 담은 그의 동상이었다. 영원한 자유인의 모습으로 서 있는 동상은 강한 인상을 남겼으며, 스위스나 독일 전역에 서 있는 어떤 쉴러 동상보다 멋졌다. 쉴러를 좋아하는 사람이라면 이곳에 서 있는 동상을 보는 것만으로도 마르바흐를 방문할 충분한 이유가 될 것으로 생각한다.

> 만물의 존재시여! 제 유일한 아들 쉴러가 태어났을 때,
> 제가 교육의 부족으로 인해 이루지 못한 정신적인 힘을 제 아이에게 주시기를 간청했고,
> 당신께서는 제 기도를 들어주셨습니다.
> Du Wesen aller Wesen! Dich hab ich nach der Geburt meines einzigen
> Sohnes gebeten, dass du demselben an Geistesstärke zulegen möchtest,
> was ich aus Mangel an Unterricht nicht erreichen konnte,
> und du hast mich erhöret.
> – Johann Kaspar Schiller

이 글은 그의 아버지가 남긴 기도문 중 일부다. 그가 바랐던 정신의 유산은 아들의 글과 사상 속에서 꽃피었고, 쉴러는 결국 독일인들의 마음에 살아 있는 위대한 정신이 되었다.

마르바흐시는 독일을 넘어 세계 곳곳에서 사랑받고 있는 쉴러의 위대한 업적과 정신을 기리기 위해 매년 11월 그의 탄생을 축하하는 축제를 연다.

도시 전체가 쉴러의 숨결로 살아나는 이 시기, 그의 어머니가 생전에 다녔던 알렉산드리아 교회에서는 11월과 5월, 그의 탄생일과 기일마다 교회 종소리를 울리며 그를 기린다고 한다.

도시의 아름다운 풍경 속에는 그가 꿈꾸던 더 나은 세상, 문학과 현실이 공존하는 세계가 여전히 살아 숨 쉬고 있었다.

쉴러의 글 속에는 억압에 맞선 인간의 의지 그리고 진실을 향해 흔들림 없이 나아가는 자유의 열정이 고스란히 담겨 있다. 그래서 그의 작품을 펼쳐 읽는 순간, 우리는 단지 한 시대의 문학을 만나는 것이 아니라, 삶을 향한 투명한 시선과, 자유를 향한 불굴의 의지를 마주하게 된다.

02

Hermann Hesse

희곡으로
세상을 바꾸고 싶었던
아름다운 영혼

Johann Wolfgang von Goethe

Friedrich von Schiller

쉴러와 조금 더 친해지기

Johann Christoph Friedrich von Schiller

1759.11.10 ~ 1805.05.09

쉐네 젤레 Schöne Seele : 아름다운 영혼을 가진 인간상, 자유정신

쉴러는 인간에 관한 깊은 연구를 통해 감성과 이성, 영혼과 육체의 조화를 이룬 인간을 쉐네 젤레, 즉 '미적 인간'이라고 정의했다. 그는 미적 인간이 만들어질 때 비로소 이상적인 낙원이 실현된다고 믿었다. 그가 추구했던 이상적인 낙원은 도덕적 기반을 가진 곳으로, 인간은 외부에 흔들리지 않는 내면의 양심을 바탕으로 도덕성을 지닌 존재이며, 그 도덕성은 미의 감각을 통해 길러질 수 있다고 보았다.

쉴러는 이런 이상적인 인간을 길러내기 위한 교육 공간으로 연극을 제시했다. 그에게 연극은 단순한 오락이 아니라 인간을 변화시키고, 공동체를 도덕적 낙원으로 이끄는 장치였다. 『빌헬름 텔』은 바로 그런 연극의 힘을 잘 보여주는 작품이다. 자유를 쟁취하여 인간의 존엄을 실현하는 과정은 쉴러가 꿈꾼 이념과 현실의 융합을 잘 드러낸다.

쉴러는 '우리가 노력하는 목표가 고귀하면 할수록 그만큼 우리의 용기는 높아지고, 자기 신뢰는 순수해지며 그만큼 세상의 평판에 초연해진다'라고 말했다. 그는 자신의 삶으로 그 신념을 증명한 인물이었다.

1788년, 쉴러는 예나 대학에서 역사학 교수로 임명되었으나 정교수 직함은 아니었고, 학생들이 내는 청강료가 그의 보수였다. 직위나 경제적 여건은 열악했지만, 이와 상관없이 그의 업적은 빛났다. 그가 취임 연설에서 던진 '우주 역사는 무엇을 의미하며 그 목적은 무엇인가?'라는 물음은 일대

센세이션을 일으키며 대학 전체를 들썩이게 했다. 이 연설은 오늘날까지 학자들에 의해 연구되고 있으며, 학교는 1934년부터 '프리드리히 쉴러 예나 대학교'라는 교명을 사용하며 그의 업적을 기리고 있다.

그는 생애 대부분을 궁핍 속에서 살았다. 귀족 작위를 받은 것도 그가 생을 마감하기 3년 전에 받았는데, 자신의 영광이 아니라 아내와 자녀들의 안위를 염려해서였다. 이런 일화들에서 쉴러의 인간적인 매력과 고결함이 자연스럽게 느껴진다.

작가의 길을 걷게 만든 뜻하지 않은 계기

쉴러는 독일 마르바흐 암 넥카Marbach am Neckar에서 태어났다. 그의 아버지는 직업 군인으로 여러 전장을 돌며 폭넓은 견문을 쌓은 사람이었고, 어머니는 가정에 충실한 주부이자 독실한 신앙인이었다. 어머니의 영향을 받아 쉴러의 어린 시절 꿈은 목회자였다. 만약 그의 삶이 평온하고 계획대로 흘러갔다면, 그는 어쩌면 목회자의 길을 걸었을지도 모른다. 하지만 운명은 그가 원하지 않는 다른 선택을 강요했다. 이 선택은 그를 독일을 넘어 세계의 위대한 작가 반열에 오르게 만든다. 인생은 참 아이러니하다.

그가 원치 않았던 선택. 그것은 아버지의 상관이었던 칼 오이겐Karl Eugen공작의 명령에 따라 칼슐레Karlsschule에 입학해 법학을 전공하게 된 것이다. 칼슐레의 교육 방식은 전형적인 프로이센 스타일로 극도로 전투적이고 억압적인 시스템이었다. 이런 환경 속에서 적응이 쉽지 않았던 쉴러는 문학과 시를 통해 돌파구를 찾았다. 남달랐던 그의 창작 능력은 특히 즉흥시나 연설에서 두각을 나타냈다. 교내 대회나 연극 행사가 열리면 이를 전담할 정도로 활약했다.

이후 그는 전공을 법학에서 의학으로 바꾸게 되는 데 이 계기도 공작의 명령에 따른 것이었다. 그렇지만 의학을 배우게 되면 심리학이나 철학도 함께 공부할 수 있다는 사실을 알게 되어 쉴러도 흔쾌히 동의했다고 전해진다.

쉴러의 생애는 『도적들』 이전과 이후로 나뉜다

『도적들』은 쉴러가 문학을 통해 억압된 상태의 돌파구를 찾으며 쓴 작품이다. 이 작품은 프랑스 혁명 이전의 이야기를 다루지만, 정의를 실현하기 위해서 불법인 요소를 사용하며, 부패한 귀족사회와 위선적인 인습을 신랄하게 비판한다. 당시 귀족 계급에 대한 불만이 많던 민중들에게 이 작품은 통쾌함을 선사하며 큰 사랑을 받게 된다.

독일의 질풍노도의 시대 슈투름 운트 드랑(Sturm und Drang) 속에서 선보인 『도적들』은 거대한 센세이션을 일으켰다. 만하임 국립 극장에서 초연되었을 때 대중들로부터 폭발적인 지지를 받았으며, 그 후 독일 전역에서 인기리에 상연된다. '독일 전체를 열광시켰다'라는 평가가 과장이 아닐 만큼, 이 작품은 커다란 반향을 불러일으켰다.

이 소식을 듣고 깜짝 놀란 오이겐 공작은 쉴러에게 만하임에 가지 말 것과 의학 저술 외의 글쓰기를 금지하는 명령을 내린다. 그러나 쉴러는 명령을 따르지 않고, 남들에게 알리지 않은 채 만하임으로 향한다. 결국 공작에게 그 사실이 발각되어 감옥에 수감되는 수모를 겪게 된다. 이런 상황은 그에게 더 이상 공작의 명령을 따르지 않다는 결심을 굳히게 했다.

이 결심으로 그는 고단한 방랑 생활을 시작한다. 그는 음악가였던 친구 요한 안드레아스 슈트라이허Johann Andreas Streicher와 함께 만하임으로 도망쳤으나, 공작이 자신을 체포해 송환할 수 있다는 두려움으로 그곳을 떠날 결정을 내린다. 슈트라이허는 돌아가기를 원했기에 쉴러는 홀로 바우어바흐로 향해 새로운 길을 모색한다. 그곳에서 그는 『돈 카를로스』를 집필하기 시작하며 극작가로서의 활동을 본격적으로 시작한다.

끊임없는 궁핍, 힘이 되어준 친구들

쉴러의 자서전에는 그의 생애 전반에 걸쳐 경제적인 어려움이 끊임없이 자신을 괴롭혔다고 서술되어 있다. 빅 히트를 친 첫 작품은 자비로 출판했으며, 오이겐 공작을 피해 도망 다니는 시기에는 공작의 보복을 두려워한 극장 관계자가 쉴러를 받아주지 않는 상황을 겪는다. 이후 만하임에서 극작가로 고용되지만 1년 단기 계약에 불과할뿐더러, 높아진 명성에 비해 수입은 보잘것없었다.

재정 문제를 해결하기 위해 〈Rheinische Thalia〉라는 연극 잡지를 창간해서 빚을 줄여볼 궁리도 하지만, 이 잡지도 금전적 어려움으로 폐간되고 만다.

이런 힘든 상황 속에서 쉴러는 자신의 열렬한 팬이었던 쾨르너^{Christian} $^{Gottfried\ Körner}$로부터 많은 도움을 받는다. 경제적으로 여유가 있던 쾨르너는 쉴러를 드레스덴에 초대해 거처를 마련해주고, 절망감에 빠져 있던 그에게 창작과 글쓰기를 계속할 수 있도록 격려하는 분위기를 조성해 준다. '환희의 송가' 역시 쾨르너의 지원 아래 쓰게 된다.

'환희의 송가'는 첫 구절부터 아주 멋지다. 〈환희여 아름다운 신의 불꽃이요 이상형의 딸이요 우리는 불꽃에 취해서 천상의 신들 그들의 성소로 돌아서노라 그들의 신비한 능력은 시류가 엄하게 갈라놓은 것을 다리를 결합시키며 모든 사람들이 형제가 되네 그대의 부드러운 날개 펼쳐진 곳에서…〉라는 구절만 봐도 감동적인 아름다움이 느껴진다.

베토벤이 이 시에 깊은 감명을 받아 자신의 교향곡 9번 '합창'의 가사로 썼다는 것은 너무나도 유명한 이야기다.

덴마크 왕자 아우구스텐부르크 공작은 3년 동안 매년 1천 탈러(당시 유럽 통화)를 후원하며 쉴러에게 큰 도움을 준다. 이에 대한 감사의 의미로 쉴러는 '인간의 미적 교육에 관한 서신'을 보냈는데, 이것이 그 유명한 '쉴러의 미학'이다.

그는 피타고라스학파가 추구하는 개념인 '칼로카가티아^{Kalokagathia}'를 제시하며, 미칼로스(Kallos)와 선아가토스(Agathos)의 조화를 이룬 인간상을 새롭게 규정한다. 쉴러는 인간 내면에 선을 더하면 외적으로 아름다움이 나타나며, 이러한 조화를 이루었을 때 비로소 미적 인간이 될 수 있다고 설명한다.

그의 이론은 내용이 심오하고 철학적 논의로 가득 차 있어 오늘날에도 연구자들에게 깊은 영감을 주는 동시에 큰 어려움을 안겨주는 철학적 체계를 가지고 있다.

 요한 볼프강 폰 괴테^{Johann Wolfgang von Goethe}와의 관계도 빼놓을 수 없다.

 두 사람은 열 살 정도의 나이 차이가 있었는데, 괴테의 나이가 더 많았다. 출신 배경도 크게 차이가 났다. 괴테는 부유한 집에서 태어나 고등 교육을 받았고, 작품 활동을 통해 큰 명성을 얻어 귀족으로 신분도 상승되었다. 쉴러 입장에서 ― 괴테가 살아온 환경과 위치는 ― 완전히 다른 차원에서 살고 있는 사람이었다. 쉴러가 "괴테처럼 되고 싶다"라고 언급했다는 일화는 그가 괴테에게 부러움과 거리감을 가지고 있었음을 알게 해준다.

 두 사람은 서로에 대해 알고 있었지만 데면데면했다. 괴테는 쉴러를 자신의 수준과 비교하기 어렵다고 생각하며, 그의 존재가 자기가 하는 일에 방해가 될 수도 있다고 여겼던 듯하다. 쉴러 역시 굽히고 들어가는 성격의 소유자가 아니었다. 그렇지만 괴테는 예나 대학에 교수직 공석이 생겼을 때 쉴러를 추천하며, 그가 교수로 한동안 생활할 수 있도록 도움을 주기도 했다.

 두 사람의 친교는 예나자연연구회에서 열린 한 강연 이후에 이념과 경험 그리고 예술에 대한 의견을 주고받으며 시작된다. 그들은 각기 다른 견해를 확인하며 서로를 인정하고, 의견을 나눌 수 있는 동반자로서 긍정적인 영향을 주고받기 시작한다. 두 사람은 종종 만나서 토론하며 공통적인 소재를 찾아내, 그것으로 작품을 쓰기도 한다.

 두 사람은 서로를 통해 자신이 있어야 할 자리를 재발견하고, 서로에게 예술적이고도 인간적인 영향을 주며 깊은 관계를 이어갔다.

괴테가 한동안 작품 활동에 집중하지 못하고 있을 때, 쉴러는 적극적으로 그를 독려해 창작에 복귀할 수 있도록 도왔다. 이에 괴테는 쉴러에게 '당신이 나를 다시 시인으로 만들었다.'라는 서신을 보내며 감사의 뜻을 표하기도 했다.

쉴러도 괴테에게 긍정적인 영향을 받았다. 『발렌슈타인』을 집필하면서 기존의 캐릭터 중심 서사가 아닌 인간의 내면과 외부 환경과의 관계에서 생겨나는 이념을 정립한 것이 대표적이다. 또한 『발렌슈타인』이나 『오를레앙의 처녀』를 무대에 올릴 때도 괴테로부터 조언과 도움을 받는다. 『빌헬름 텔』 역시 괴테의 권유로 쓰게 된 작품 중 하나이다.

상상력의 힘을 보여준 쉴러

『빌헬름 텔』에 나오는 지명과 장면 묘사, 역사적인 사실들을 읽다 보면 '현장 취재가 참 잘 되었구나' 하는 생각이 든다. 작품을 쓰기 위해 스위스 곳곳을 부지런히 돌아다닌 쉴러의 모습이 그려진다. 하지만 그는 놀랍게도 평생 독일 밖을 나가 본 적이 없는 사람이다. 스위스 여행을 마치고 온 괴테로부터 텔의 전설적인 무용담을 전해 들었을 뿐이다. 이 이야기를 바탕으로 스위스 역사와 전설, 지도 그리고 다양한 여행기를 철저히 탐구하고 숙지하며 작품 구상을 시작했다. 그리고 상상력을 더해 써 내려간 작품이 바로 『빌헬름 텔』이다. 이런 일화를 알고 나면 왜 그의 작품이 실제 스위스인보다 더 스위스에 대해 정통하다는 인상을 주는지 이해가 간다. 또 하나 놀라운 사실은 이 방대한 작품을 불과 6주 만에 완성했다는 것이다.

쉴러가 뛰어난 상상력의 소유자인 것은 다른 일화에서도 확인할 수 있다. 『도적들』의 주인공인 칼Karl과 그의 연인 아말리아Amalia의 사랑을 묘사한 부분은 감탄을 자아낼 정도로 정말 기가 막히게 잘 그려져 있다. 그런데 이 작품을 쓸 당시만 하더라도 쉴러는 어떤 누구와도 사랑을 해 본 적이 없었다고 한다. 그는 자서전에서 "어머니 외에는 여자를 사랑해 본 적이 없다"라고 고백하며, 스토르게Storge적인 사랑은 경험했지만, 에로스Eros적인 사랑은 경험하지 못했다고 밝힌다. 그런데도 작품에 나오는 사랑의 감정을 세밀하게 묘사한 장면들은 마치 많은 연애 경험을 가진 사람이 쓴 것처럼 생생하게 느껴진다.

쉴러의 이러한 뛰어난 상상력에 감탄한 사람들은 "쉴러야말로 희곡 작가로서의 천부적인 능력이 있다"라며 극찬했다고 한다. 그는 이에 대해 쑥스러웠는지 "내가 도적들에 나오는 그런 인물을 그렸다는 것이 좀 주제넘은 얘기인지도 모르겠다"라고 말하기도 했다.

또한 쉴러는 그리스 문화와 고전 예술에도 깊이 매료됐다. 그는 그리스 예술이 '조화와 균형이라는 의미가 대자연 속에서 정신과 육체가 융합된 하나의 순수한 품성'이라며, 이해의 폭을 넓히기도 했다. 하지만, 이 역시도 만하임 박물관을 방문해서 전시된 고대 조각들이나 그림들을 본 경험이 전부라고 한다. 한정된 경험만으로도 그리스 문화의 정신을 느끼고 배울 수도 있었다니, 그의 뛰어난 상상력에 놀라움을 금할 수 없다.

이처럼 쉴러는 체험보다는 자료 조사를 통해 작품을 완성하는 작가였다.

하지만 그가 직접 체험한 사람보다 더 생생하고 몰입도 높은 글을 쓸 수 있었던 이유는 그의 독보적인 상상력 덕분이다. 그의 작품을 접할 때마다 '상상력이라는 것이 얼마나 아름다운가!'를 새삼 실감하게 된다.

불꽃처럼 살다간 자유의 시인

쉴러는 꺼져가는 생명 속에서도 『빌헬름 텔』이라는 작품을 집필했다. 그는 자신의 건강이 매우 좋지 않다는 것을 알고 있었다. 그는 자서전에서 "신이 허락한다면 쉰 살까지만 살았으면 좋겠다"라고 쓸 정도로 죽음을 예감하고 있었다. 그가 몇 년을 더 살고 싶은 이유는 단 하나, 자신에게 주어진 몇 편의 작품을 마무리하고 싶었기 때문이었다. 이를 떠올리면 정말 쉴러답다는 생각이 저절로 든다.

어쩌면 그는 '자신의 병이 조금 나아지지 않았을까?'라고 희망했을지도 모르고, 혹은 '반드시 작품을 완성하겠다'라는 간절한 마음으로 그 힘든 상황을 낙관적으로 받아들였을 수도 있다. 이러한 모습에서 쉴러야말로 '자기의 정신력으로 육체의 위기를 극복할 수 있다! 극복한다!'라고 믿은 굉장히 정신적인 존재이자 영적인 사람이 아닌가 싶다.

그는 마지막 순간까지 자신의 영혼을 불사르며 러시아를 주제로 한 새 희곡 『데메트리우스 Demetrius』를 완성하기 위한 여정을 이어가지만, 바람과 달리 작품은 미완성으로 남는다. 쇠약해진 그의 몸은 폐렴을 이겨낼 수 없었다. 사후 해부 결과 그의 폐는 거의 다 녹아버릴 정도로 심각하게 손상되었다고 한다.

그의 나이 마흔여섯. 데메트리우스의 결말을 그 자신은 물론 다른 사람들도 볼 수 없게 되었지만, 왠지 그는 사후에라도 이 작품을 완성해 신에게 보여주려 했을 것만 같다는 생각이 든다.

쉴러는 지금 어디에 있는가?

쉴러는 제대로 된 묘지를 얻지 못한 채 60여 구의 시체들과 함께 집단 매장된다. 그는 한동안 그러한 상태로 방치되다가, 그를 존경한 칼 슈바베Carl Leberecht Schwabe가 바이마르 시장이 되면서 그의 무덤을 발굴한다. 발굴된 23개의 두개골 중 가장 큰 두개골을 '쉴러의 유골'이라 지정한다. 쉴러의 유족들은 그 유골을 궁정도서관에 안치할 것을 요청했으나, 괴테의 바람에 따라 유골은 그의 서재로 옮겨져 한동안 보관된다. 이후, 유골은 안나 아말리아Anna Amalia of Brunswick-Wolfenbüttel : 바이마르의 문화 전성기를 이끈 왕비 도서관으로 옮겨진다. 이후 바이에른의 왕이 쉴러를 참배한 후, 아우구스트Carl August 대공에게 그의 유골을 제대로 안치할 것을 제안한다. 이에 따라 대공은 자신의 가문 공동묘지, 바이마르 왕가의 묘역Weimarer Fürstengruft에 유골을 안치한다.

사실 이 묘역에는 쉴러가 없다. 유전자 분석 결과, 해당 유골은 그의 것이 아니라는 판정이 내려졌다. 그의 유골은 없지만, 그의 영혼은 그곳에 남아 있지 않을까 하는 생각이 든다. 자신을 사랑하며 기리러 찾아오는 사람들을 만나기 위해서라도.

개인적인 생각이지만, 쉴러는 나하고 똑같은 인간, 어쩌면 나보다 더 열악한 환경에서 살았지만, 그러한 역경을 정말 당당하게 극복하며 자신만의 결연한 모습으로, 자신의 희곡들이 독일 문학을 세계 문학의 한 반열로 끌어올리는 데 크게 기여하며 불멸의 흔적을 남겼다. 이러한 역할을 했기 때문에 한때 괴테보다도 더 높은 평가를 받았었다. 위상이 높아진 쉴러를 보고 괴테가 질투를 느끼지 않았을까 하는 생각도 든다.

쉴러가 사망할 당시, 괴테 역시 중병에 걸렸었다고 전해진다. 그리고 그의 죽음을 알고 나서 며칠 동안 깊은 슬픔에 잠겨 있었으며, 친구 칼 프리드리히 젤터에게 보낸 편지에서는 '내 존재의 절반을 잃은 것 같다'라는 표현까지 쓸 정도로 애통해했다고 한다. 그럼에도 불구하고, 괴테가 당시 지닌 사회적 지위나 재력을 고려한다면, 왜 쉴러에게 제대로 된 혜택, 무덤 하나 정도는 마련해주지 않았는지 의문이 남는다. 나는 지금까지 이 당시의 괴테가 잘 이해되지 않는 부분 중 하나이다.

나는 언젠가 "독일 사람들은 '괴테는 좋아하지만, 쉴러는 사랑한다'"라는 얘기를 들은 적이 있다. 만약 이 말이 사실이라면, 두 사람에 대한 독일 사람들의 평가는 엄청난 차이가 있는 것이 아닌지.

03

정 PD가
Pick한
　　쉴러 작품들

Hermann Hesse

Johann Wolfgang von Goethe

Friedrich von Schiller

희곡을 통해 쉴러를 만나다

쉴러는 철학과 문학 분야에서 수십 편의 논문을 집필했으며, 수백 편의 시도 남겼다. 그럼에도 그를 '극작가'라고 평가하는 이유는 명확하다. 그는 열 편이 채 되지 않는 희곡을 남겼지만, 이 작품들은 그의 생전은 물론 현재까지도 지속적으로 무대에 오르고 있으며, 사랑받고 있기 때문이다.

그가 쓴 희곡은 대부분 비극에 속한다. 쉴러는 현실에서 비극을 예술 형식으로 마주하는 경험을 "피할 수 없는 운명에 대한 예방 접종"이라고 표현하며, "우리가 더 많은 고통을 볼수록 우리는 더 많은 자유를 얻게 된다"라고 말했다. 이러한 그의 신념은 그가 비극적 작품에 집중했던 이유를 잘 보여준다.

쉴러는 희곡을 통해 인간이 아름다운 영혼으로 거듭나기를 바랐다. 그의 작품을 접하다 보면, 고통과 갈등 속에서도 인간이 얼마나 위대한 존재로 성장할 수 있는지를 깊이 느낄 수 있다.

도적들 *Die Räuber*

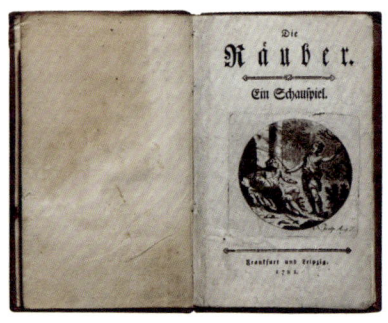

'위대한 범죄자'가 존재할 수 있는가?

이 작품은 아버지의 사랑을 받는 지적이고 자유를 사랑하는 형인 칼과 그를 질투하여 모함으로 그가 가진 모든 것을 빼앗으려는 냉정하고 계산적인 동생 프란츠 사이의 경쟁과 갈등을 그린다. 프란츠에게 모든 것을 빼앗겨버린 칼은 도적단의 우두머리가 되어 원래의 자리 즉, 자신이 가지고 있던 모든 것을 되찾고, 질서를 잡으려고 하나, 그 과정에서 비극적인 사건들이 연달아 일어난다.

이를 통해 작품은 독자 혹은 관객에게 음모에서 비롯된 정치적인 억압과 복잡한 사회 질서 속에서 개인이 선택할 수 있는 자유가 어떤 가치인지를 묻는다.

실존했던 갱단 두목인 니콜 리스트^{Nikol List} 사건이 모티브가 된 이 작품은 현실감이 뛰어나며, 클라이맥스로 이어지는 두 주인공의 대립 과정이 마치 영화의 몽타주 기법을 보는 듯 흥미진진하다.

『도적들』을 읽으면 쉴러가 "희곡은 대화체 소설이다"라고 말했던 이유를 이해할 수 있다. 사실 필자 역시 이 작품을 접하기 전까지는 희곡을 많이 읽어보지 못했지만, 『도적들』 덕분에 희곡에 대한 매력을 알게 되었고, 이후 쉴러가 남긴 일곱 편의 희곡 모두를 탐독하는 계기가 되었다.

음모와 사랑 *Kabale und Liebe*

나의 선택은 언제나 옳은 것인가?

이 작품은 권력의 정점에 있는 아버지를 둔 페르디난트와 궁정 음악가의 딸인 루이제가 연애를 시작하려고 하며 전개된다. 극단적으로 대비되는 두 집안은 당연히 이 연애를 용납하지 않는다. 귀족으로서 자신의 권력을 더 공고하게 하고 싶은 페르디난트의 아버지는 이들을 갈라놓기 위해 치밀한 '음모'를 꾸미고 점점 압박을 가해온다. 루이제의 아버지 역시 이루어질 수 없는 사랑을 단념하라고 그녀를 종용한다. 신분의 차이에서 비롯된 연인의 사랑은 다양한 이해관계로 얽힌 사람들과 충돌하면서 파국으로 향한다.

이 작품은 신분 차이에서 비롯된 비극을 통해 사회의 부조리와 허구성을 비판한다. 작품 속 귀족들은 비전을 제시할 능력이 없고, 권력이 없는 시민 계급은 주체성을 발휘하지 못하는 모습을 보인다. 절대 군주제라는 역사적 배경에서 계급을 초월한 유토피아적인 사랑은 현실의 벽 앞에서 무너질 수밖에 없음을 여실히 드러낸다.

『음모와 사랑』은 독자가 바라보는 관점에 따라 감정 이입하는 인물이 달라질 수 있을 정도로 사랑, 신분 차이, 사회 정치적 불공정, 절대적 주관성 등 다양한 해석이 가능한 작품이다. 그러나 비극이라는 주제는 변하지 않는다. 이러한 점에서 독일 시민 비극의 최고봉인 『에밀리아 갈로티』와 견줄만한 작품으로 평가받고 있다.

돈 카를로스 *Don Karlos*

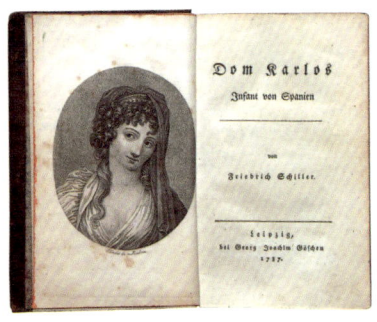

햄릿의 영혼을 가진 작품

『돈 카를로스』는 실존 인물인 16세기 스페인의 왕자 돈 카를로스의 고뇌와 정치적 갈등을 그린 작품이다. 아버지 필리프 2세가 정치적 목적으로 아들의 약혼녀인 엘리자베스를 아내로 맞이하면서, 부자간에 깊은 갈등과 불신이 생긴다. 이런 상황에서 카를로스와 엘리자베스의 친구이며 자유와 원대한 이상을 품고 있는 포사가 함께 이상을 실현하자며 카를로스를 설득하여 함께 반란을 일으키려고 한다. 권력과 개인의 욕망이 충돌하며 사건은 비극의 소용돌이 속으로 빠진다.

이 작품은 갈등을 통해 권력의 본질과 인간의 본성을 심도 있게 조명하며, 동시에 정신적 자유와 국가적 이상에 대해 깊은 성찰을 하게 만든다.

작품을 읽다 보면 셰익스피어의 햄릿을 읽는 듯한 느낌이 드는데, 실제로 쉴러는 "돈 카를로스는 햄릿의 영혼을 가지고 있다"라는 말을 남긴 바 있다. 그는 셰익스피어를 존경했으며, 작품을 쓸 때 햄릿에 담긴 극적 형식과 주인공의 성격을 차용했다고 한다. 이러한 요소는 『돈 카를로스』를 대화체 소설이 아닌 얌부스 율격을 사용한 운문 형식으로 쓰게 된 배경이다. 그의 독창적인 언어적 재능을 엿볼 수 있다.

이 작품은 오페라도 유명하다. 세계적인 작곡가 베르디가 각색하여 탄생시킨 오페라는 지금까지도 세계 곳곳에서 공연되며 많은 사랑을 받고 있다.

발렌슈타인 *Wallenstein*

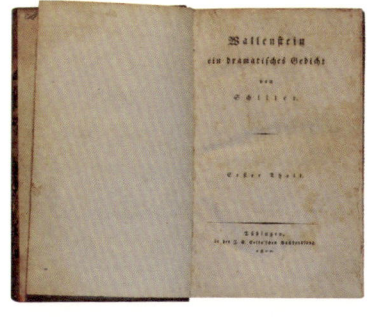

하루에 끝나지 않는 공연의 대작

『발렌슈타인』은 쉴러가 유럽의 삼십 년 전쟁(1618~1648년)을 깊이 연구한 후에 쓴 희곡이다. 실존 인물인 알브레히트 폰 발렌슈타인의 삶을 "발렌슈타인의 진영", "피콜로미니", "발렌슈타인의 죽음"이라는 3부작으로 나누어 극적인 서사가 돋보이는 대서사극이다.

발렌슈타인은 신성 로마 제국의 육군 총사령관으로 전쟁에서 큰 성과를 거두고 있었지만, 그의 리더십에 대해 부하들은 기대와 불만을 함께 품고 있다. 시간이 지나며 그와 부하들 사이의 음모와 갈등이 격화된다. 그는 권력이라는 공적 책임과 야망이라는 사적 욕망 속에서 우유부단한 모습을 보이다가 결국 배신당하며 비극적인 죽음으로 최후를 맞이한다.

이 작품은 권력과 명예, 배신과 운명과 같은 문제를 철학적인 관점에서 사유해 보라고 권한다.

이 작품이 성공하며 쉴러의 위상은 독일 문학의 최고봉이라는 괴테와 어깨를 견주게 된다. 이 희곡을 관람한 스웨덴 왕은 쉴러에게 다이아몬드 반지를 선물했고, 러시아 황실은 이 작품을 보기 위해 바이마르를 방문했다는 일화가 전해진다. 괴테는 "쉴러의 『발렌슈타인』을 능가할 작품은 아마 독일에서는 없을 것 같다"라고 극찬했으며, 훔볼트 역시 "이제까지 아무도 이렇게 많은 군중을 동원한 사람은 없습니다. 이제까지 아무도 이렇게 광범위한 소재를 선택한 사람은 없습니다"라고 찬사를 보냈다.

빌헬름 텔 *Wilhelm Tell*

억압에 맞서 날린 정의의 화살

『빌헬름 텔』은 쉴러의 희곡 중에서 유일하게 주인공이 죽지 않는 작품이다. 빌헬름 텔은 스위스 자그마한 시골에 사는 사냥꾼이자 명궁으로, 자유와 정의를 중시하는 인물로 그려진다. 폭군 게슬러가 자신의 권위를 과시하려는 의도로 아들의 머리 위에 놓인 사과를 먼 거리에서 맞추라는 억압의 시험을 강요하지만, 텔은 이를 성공적으로 해내며 위기를 극복한다. 이후 텔은 게슬러를 처단함으로써 독재로부터 해방되는 민중의 이야기를 그린다.

쉴러는 한 개인의 영웅적 행위만을 그린 것이 아니라, 민중이 단결하고 투쟁하여 독립을 쟁취하는 과정을 깊이 있게 그렸다. 알프스 정상인 퀴스나흐트의 눈 덮인 순백의 공간에서 순결하고 청량하게 살아간 사람들과 불의와 압제에 맞서서 자유를 위해 투쟁하는 인간의 용기와 결단이 대비되어 강렬함을 더한다.

이 작품은 스위스의 자연과 역사적 배경을 담고 있지만, 그 메시지는 스위스를 넘어 전 세계인들에게 자유와 정의에 대한 인식을 고양한다.

자본주의를 넘어 자본 맹신주의로 치닫고 있는 현시대를 바라보면서, 칸트의 정언명령처럼 참된 인간의 길을 가고자 하는 모습을 그려낸 『빌헬름 텔』이야말로 이 혼돈의 세상을 밝히는 하나의 빛과 같은 희곡이라는 생각이 든다.

04

Hermann Hesse

다시 만나고 싶은
영원한 자유인

Johann Wolfgang von Goethe

Friedrich von Schiller

자유를 향한 외침

아쉬움을 남긴 쉴러 편

다큐멘터리를 처음 만들던 시절을 돌이켜보면, 그 분야에 대한 체계적인 매뉴얼이나 교본은 존재하지 않았다. 제작 노하우는 선배 PD들이 작업하는 것을 어깨너머로 보고 배워야 했고, 도제식으로 알음알음 전해지는 방식이 대부분이었다. 이전에도 몇 편의 다큐멘터리를 제작한 경험이 있었지만, 세계의 고전 명작을 다루며 시청자들의 교양을 함양시킨다는 취지로 작품과 작가를 직접 취재하는 '문학기행' 형식의 새로운 프로그램을 제작하게 된 것은 한 편으로는 행운이었지만 다른 한 편으로는 엄청난 부담이기도 했다.

그중에서도 '쉴러-빌헬름 텔'편은 이후 시리즈가 계속될지조차 확신할 수 없었던, 말 그대로 파일럿 프로그램에 가까웠다. 당시에는 제작 노하우도 부족했고 충분한 사전 연구가 이루어지지 않은 상태였다. 그 결과, 시나

리오는 엉성했고, 섭외도 제대로 이루어지지 않아 촬영 컷마저 제한적일 수밖에 없었다. 여러모로 열악한 조건 속에서 시작된 제작 과정은 취재를 끝내고 영상 편집에 들어가면서 한층 더 험난해졌다. 보면 볼수록, 하면 할수록 난관에 부딪혔다. 부득이하게 내레이션에 의존해야 하는 지점이 많았고, 하나의 영상을 쪼개어 쓰기도 하면서 밤을 지새우며 간신히 50분 분량의 다큐멘터리를 완성했다. 그 작업을 통해, "다큐멘터리 한 편을 만든다는 것이 이렇게 힘들고 고된 일이었구나" 하는 사실을 절감했다.

물론 다큐멘터리 한 편을 영상으로 꽉 채울 필요는 없다. 방송국에서 쓰는 은어로 '구다리'라는 표현이 있다. 일본어 'くだり(쿠다리) : 문장의 한 절, 대목'에서 따 온 말인데 문장이라기보다는 덩어리라는 개념으로 많이 쓰인다. 편집 과정에서는 영상으로 가야 하는 구다리가 있고, 나레이션으로 가는 구다리가 있으며, 때로는 배경음악으로 한 구다리를 채우기도 한다.

다큐멘터리 제작 경험을 쌓으며 내 나름의 원칙을 세웠다. "완벽하게 편집된 다큐멘터리에는 나레이션이 필요 없다"라는 것이다. 후배들에게 제작 노하우를 전수할 때도 "영상만 봐도 다 알 수 있으면 그것이 최고의 프로그램이다. 영상으로 부족할 때는 그때 나레이션을 쓰거나 다른 기법을 사용해서 보완하라"는 조언을 많이 하곤 했다.

그런 관점에서 볼 때 '쉴러' 편은 당시에는 정말 고생하면서 만들어내긴 했지만, 지금 다시 보면 부족한 부분들이 눈에 들어오고, 그때의 미숙함이 떠오르면서 얼굴이 화끈거릴 정도로 아쉬움이 짙게 남아 있다.

문화는 시대를 품는다

쉴러의 작품을 소개하면서 프로그램 내용뿐 아니라 일부 표현의 정확성이 부족했던 점, 특히 일본식 표현을 사용할 수밖에 없었던 점은 늘 마음에 걸린다. '군도(群盜)'와 '간계(奸計)' 같은 표현은 일본식 용어에서 비롯된 사례이다. 이러한 작품들이 우리나라에 소개될 당시에는 일본의 문화적 유산이 뿌리 깊게 자리 잡고 있었다. 당시 국내에서 독일 고전을 번역할 때, 원서를 보고 번역하는 것보다 일본어 번역판을 재번역하는 경우가 더 많았다. 그 탓에 우리말 제목과 표현도 일본식 용어에 의존하는 경우가 많았다.

사회 문화적인 측면에서도, 특히 서울에서는 소위 배운 사람들이 주로 일본어를 사용했기 때문에 일본어는 곧 세련된 언어로 인식되어 — 마치 지금 우리 일상에서 영어 단어를 사용하는 것처럼 — 유행처럼 번지기도 했다. 배움이 크지 않으셨던 내 어머니만 해도 'Table'을 '테이브로', 'Curtain'을 '가땡'처럼 일본식 발음을 부르시곤 하셨다. 나와 같은 또래의 세대 역시 'Milk'를 '미르쿠', '사진기'도 '샤신끼'라고 부르던 기억이 남아 있다.

이런 문화가 있다 보니, 일본에 대한 의존도가 높았다. 특히 언론과 출판계가 그러했는데, 한국전쟁 이후 출간된 해외 서적이나 작품들을 보면 일본어 번역판을 재번역한 이중 번역서가 대다수를 차지했다. 1960~70년대는 이러한 방식이 일반적이었고, 일본 문화 잔재에서 벗어나려고 애를 쓰기 시작했던 1980년대에도 여전히 이중 번역서의 비중이 높았다.

오늘날은 원서 접근성이 용이하고, 언어 장벽도 많이 낮아져 더 정확한 표현을 쓸 수 있게 되었지만, 그동안 익숙해진 관성 때문인지 작품 제목을 바꾸는 것조차 쉽지 않다. 여전히 『군도』나 『간계와 사랑』이라는 제목으로 책이 출간되고 있고, 공연도 열리고 있다.

이를 보면 문화가 가진 힘을 새삼스럽게 느끼게 된다. 문화라는 것은 살아있는 생명체처럼 생성하고 자라나 번영을 누리기도 하고, 때로는 쇠퇴하거나 소멸하기도 한다. 다른 문화와 만나면 충돌하거나 흡수되면서 새로운 문화로 발전하기도 한다. 과거에는 교통과 기술의 한계로 문화 교류가 제한적이라 한번 정착된 문화를 바꾸는 일이 매우 어려웠지만, 지금은 다방면에서 활발히 문화 교류가 이루어지고 있다. 북미, 남미는 물론 유럽과 아프리카까지 세계 곳곳에서 공부하는 유학생도 많고, 그들의 문화를 직접 체험하기 위해 여행하는 사람들 또한 많이 늘어났다. 동시에 세계 곳곳에서도 우리 문화를 체험하기 위해서 방문하는 외국인들이 많아졌다.

이러한 활발한 문화 교류는 우리 문화를 새로운 방향으로 바꿔놓았다. 과거처럼 선진 문화에 주눅 들던 모습은 찾아보기 어렵고, 오히려 우리 문화가 전 세계로 확산하고 있는 상황이다. 지금이야말로 과거의 문화적 잔재를 벗어낼 수 있는 적합한 시기가 아닐까 생각한다.

앞서 언급한 쉴러의 작품에서도 이러한 변화의 의지가 엿보인다. 『Die Räuber』는 '도적들' 혹은 '도둑떼'로 표현하는 것이 더 알맞고 자연스럽다. 『Kabale und Liebe』도 '음모와 사랑'으로 번역하는 것이 더 어울린다. 최

근에는 이렇게 표기된 책들이 출간되기도 하고, 원어 그대로를 제목으로 쓴 책도 종종 보인다. 아직은 일본식 표현에 익숙한 이들도 많겠지만, 우리가 이런 제목을 더 친근하게 받아들일 수 있는 날이 오기를 고대한다.

다시 제작하고 싶은 쉴러 편

촬영 당시에는 미처 깊이 파고들지 못했던 아쉬움이 많이 남아, 이후 쉴러에 대해 더 연구해 보니 왜 그때는 이런 부분들을 챙기지 못했었는지 도저히 이해되지 않을 정도로 빠진 부분들이 많았다. 예를 들어 『도적들』이 초연된 만하임이 취재지에 포함되지 않았다는 사실은 지금 생각해도 큰 실수였다는 자책이 들며, '쉴러에게 큰 결례를 범했구나'라는 미안함마저 들었다.

물론 다시 제작한다고 해도 그의 전 생애를 세세하게 따라가며 촬영할 수는 없겠지만, 그의 삶의 흔적이 담긴 주요한 장소들만큼은 꼭 방문해 제작에 포함하고 싶다. 예를 들어, 쉴러가 성장하며 겪었던 환경을 중심으로 프로그램을 제작해 본다면, 그의 고향 마르바흐, 학창 시절 억압적인 교육 환경 속에서 문학과 시를 통해 위안을 얻었던 칼슐레를 반드시 취재하고 싶다. 『도적들』을 쓰게 된 창작 여정을 따라가 본다면, 극작가로서의 명성을 얻게 된 『도적들』의 초연지인 만하임도 빼놓을 수 없다. 이러한 장소들만 추가해도 첫 제작보다 훨씬 더 완성도 높은 결과물을 남길 수 있으리라고 생각한다.

욕심을 조금 더 내서 촬영지를 확대한다면 드레스덴도 포함하고 싶다. 쉴러가 친구 쾨르너의 초청을 받아 머물며 '환희의 송가'를 썼던 곳이기 때문이다. 프로그램 제작 시에는 동·서독 분단으로 인해 정말 가보고 싶었지만 갈 수 없었다. 이제는 언제든지 갈 수 있으니, 촬영지에서 빠질 이유가 없는 곳이다.

마지막으로는 튀링겐^{Thüringen}주에 있는 예나 대학교를 방문해 보고 싶다. 쉴러가 역사학 교수로 활동했던 곳이자, 그의 대표적인 연설이 남아 있는 곳이기 때문이다. 그곳에서 당시의 자료를 직접 살펴보고, 쉴러 연구에 정통한 전문가들을 만나 직접 인터뷰를 진행하며 프로그램의 깊이를 더하고 싶다.

이처럼 다양한 각도로 취재할 수 있다면 기존에 제작된 프로그램과는 비교할 수 없을 정도로 훨씬 높은 완성도의 프로그램이 제작되리라고 확신한다. 이를 통해 독일이 낳은 '영원한 자유인' 쉴러의 진면목을 제대로 보여줄 수 있지 않을까 하는 생각이 든다. 상상하는 것만으로도 즐겁다.

혹시 이 글을 읽는 후배 PD가 있다면, 은퇴한 선배 PD의 못다 이룬 바람을 이어받아 더 좋은 프로그램을 만들어 주지 않을까 하는 기대도 살며시 해본다.

FRIEDRICH VON SCHILLER.

01

Hermann Hesse

하늘이 내린 천재 작가
요한 볼프강 폰 괴테

Johann Wolfgang von Goethe

Friedrich von Schiller

문학기행, 프랑크푸르트와 베츨라

괴테, 나의 문학적 운명이자 인생의 이정표

나는 1949년 8월에 태어났다. 그리고 정확히 200년 전, 1749년 8월에 요한 볼프강 폰 괴테가 이 세상에 태어났다. 생일은 며칠 차이가 있지만, 200년이라는 시간을 사이에 두고 같은 달에 태어났다는 사실은 내게 어떤 운명적인 인연처럼 느껴졌다. 한때는 '나도 괴테처럼은 아니더라도, 그와 조금은 비슷한 삶을 살 수 있지 않을까?'라는 생각도 했었다.

이 막연한 동경은 나를 괴테에게로 이끌었고, 그를 좇아 독일어를 배우게 된 계기이기도 하다. 어느 순간부터 괴테는 단순히 좋아하는 작가를 넘어, 하나의 세계로 자리하게 되었다. 괴테에 관한 책이 새로 출간되었다는 소식만 들어도 무작정 서점으로 달려가곤 했다. 프로그램 제작으로 한 달에

두어 번 퇴근하기도 벅찬 나날이었기에 책을 펼칠 여유조차 없었지만, '반드시 시간을 내어 읽고 말리라'고 다짐하며 책을 구매하던 순간 자체가 큰 행복이었다. 이런 다짐은 끝까지 읽지 못한 책이 있음에도 불구하고, 나를 다시 새로운 책 앞으로 이끌곤 했다.

괴테에 대한 애정이 너무 깊었기 때문일까. 오히려 문학기행 프로그램 중에서도 괴테 편을 만드는 것이 가장 어려웠다. 그에 대해 하고 싶은 이야기가 너무 많았기 때문이다. 그의 삶, 그의 문학, 그가 남긴 말과 생각, 그것들이 주는 감동과 통찰까지, 무엇 하나 놓치고 싶지 않았다. 이런 아이템을 시청자들에게 제대로 전달하기 위해 무엇을 선택하고 어떻게 표현할지 고민이 참 많았다.

괴테는 모든 것을 갖춘 사람으로 누가 보더라도 부러워할 만한 삶을 살았다. 명예로운 조부모와 막대한 재산을 소유한 부모 아래서 맏이로 태어난 그는, 마치 로열패밀리처럼 부족함 없는 어린 시절을 보냈다. 그의 아버지는 교육에 대한 열정이 남다른 사람이었고, 어머니는 예술적 감성이 뛰어난 인물이었다. 이런 환경 속에서 자라난 그는 대학에서 법학을 공부하며 변호사 자격을 취득하는 동시에, 문학적 재능을 발휘해 희곡을 쓰기도 했다.

스물다섯의 그는 『젊은 베르터의 고뇌』를 발표하며 전 유럽에 센세이션을 일으켰다. 이 작품은 칼 아우구스트 Karl August 대공을 매료시켰고, 그의 부름을 받아 서른도 되기 전에 국정을 담당하는 관료가 되었다. 이후 공작 호칭을 부여받아 귀족의 지위까지 얻는다. 뛰어난 문학적 재능과 명성, 재산은 물론 권력까지, 모든 것을 갖춘 괴테는 많은 여성들의 마음을 사로잡았고, 자신도 끊임없이 사랑과 열정을 추구했다.

그는 놀랍도록 바쁜 삶을 살면서도 수많은 기록물을 남겼다. 『젊은 베르터의 고뇌』부터 대작 『파우스트』에 이르기까지 문학사에 길이 남을 작품들을 남겼고, 또한, 52년 동안 작성한 일기, 자전적 기록과 대화록, 무려 15,000여 통에 이르는 편지로 그의 사유를 정리했다. 그가 남긴 글은 문학, 예술뿐만 아니라 자연과학, 사회과학에 이르기까지 모든 분야를 아우르며 폭넓은 주제를 다루고 있다. 그럼에도 그의 모든 글에는 지식의 깊이가 있고, 고유의 통찰력이 담겨 있다.

이 모든 것은 그의 왕성한 호기심에서 비롯되었다. 그는 새로운 주제에 매혹되면 끈질기게 관찰하고 공부하며 자기 것으로 체득한 후 글로 풀어냈다. 더불어 철학적 가치를 바탕으로 한 정제된 표현은 그의 글에 힘을 더했고, 이는 독자의 영혼에 깊은 울림을 전하는 힘이 있다.

이런 괴테를 단 한 편의 방송으로 담아내야만 했다. 지금 같으면 최소 서너 편으로 구성된 시리즈물 형태로 제작했을 것이다. 하지만 당시에는 여건상 그럴 수가 없었다. 현실은 언제나 이상보다 단단하다. 다양한 아이템이 빼곡하게 담겨 있는 기획안을 손에 쥔 채로, '시청자들에게 무엇을 보여줄까? 어떤 이미지로 시청자와 소통할까?'를 고민하는 시간이 이어졌다. 제작 과정에서 다룰 수 없는 소재를 선정하고, 빨간 펜으로 목록에서 하나씩 지워나갈 때면 마음 한쪽이 저릿하다 못해 고통스러웠다. 수없는 갈등 속에서 숙고에 숙고를 거듭한 끝에 결정한 방향은 '시작'이라는 주제에 초점을 맞추는 것이었으며, 그 결과로 명작 『젊은 베르터의 고뇌』를 중심으로 구성하기로 했다. 이 작품은 괴테에게 작가로서의 명성과 입지를 가져다준 계기가 되었을 뿐 아니라, 이루어질 수 없는 사랑을 꿈꾸었던 수많은 사람들에게 사랑받았던 베스트셀러이자 시대를 초월하는 스테디셀러였다. 게다가 작품이 독자들에게 강렬한 영향을 미치며 '베르터 효과'라는 신조어를 만들어낼 정도로 중요한 의미를 지니고 있었기 때문에, 시청자들에게도 깊은 울림을 줄 수 있으리라 믿었다.

프랑크푸르트에서 괴테를 만나다

작품이 선정된 뒤, 취재 장소 섭외를 본격적으로 시작했다. 프랑크푸르트Frankfurt는 독일을 대표하는 주요 도시 중 하나로, 괴테가 태어나고 자란 곳이다. 베츨라Wetzlar는 『젊은 베르터의 고뇌』가 집필된 장소이자, 도시 전체가 작품의 배경이라고 해도 과언이 아니다. 괴테의 영혼과 베르터의 숨결을 직접 느껴볼 수 있다는 기대감에 가득 차, 독일로 향하는 동안 설렘과 긴장이 교차하며 가슴이 두근거렸다.

> 1749년 8월 28일 정오. 종소리와 함께 난 프랑크푸르트 암 마인에서 이 세상에 태어났다. 내가 태어났고, 어린 시절을 보낸 이곳에서 난 내 안에 샘솟는 무한한 열정을 발견했고, 그것이 창작품이 되어 나타나는 기쁨을 느꼈다. 난 아름다움을 사랑했고, 사랑한다는 일은 내게 창작의 영감을 주었다.
> - 『시와 진실』 중에서 -

하늘이 내린 천재 작가, 요한 볼프강 폰 괴테. 그가 태어나 스물여섯 살까지 살았던 프랑크푸르트는 오늘날 독일에서 다섯 번째로 큰 대도시이자, 괴테의 영혼이 지금도 살아 숨 쉬는 곳이다. 라인강^{Rhein}의 지류인 마인강^{Main}을 따라 흐르는 물길은 마치 시간의 흐름처럼 도시를 가로지르고, 강변을 따라 중세 고딕 양식의 건물과 현대적인 고층 빌딩이 아름답게 공존하는 풍경은 과거와 현재가 자연스럽게 어우러진 독일 특유의 조화로움을 보여준다. 유럽 상업의 중심지로서 특유의 질서와 긴장감이 흐르면서도, 오랜 자유도시만이 품을 수 있는 활기찬 매력이 도시 전반에서 느껴진다.

그의 자서전을 손에 든 채 취재팀과 함께 생가로 향하던 길목엔 '괴테광장^{Goetheplatz}'이 있었다. 이름 그대로 광장 한복판에는 시간을 초월한 듯한 괴테의 동상이 우뚝 서 있었는데, 고개를 들어 먼 곳을 응시하고 있었다. 마치 누군가를 만나러 나아가는 듯한 모습은 끊임없이 사랑할 대상을 찾아 헤매던 괴테의 삶을 닮아 있었다.

괴테의 생가$^{Goethe-Haus}$는 도시 중심지인 그로써 히르쉬그라벤$^{Großer\ Hirschgraben}$ 23-25 거리에 자리 잡고 있다. 그는 이곳에서 어린 시절을 보냈고, 바로 이 집에서 대표작 『젊은 베르터의 고뇌』를 집필했다. 그가 어떠한 환경에서 자랐기에 그토록 풍부한 감성과 뛰어난 천재성을 발휘할 수 있었는지 직접 확인하고 싶은 마음은 우리 취재팀뿐만이 아니었다. 취재하던 날에도, 그의 흔적을 쫓아 수많은 관광객이 이곳을 찾고 있었다.

로코코 양식으로 세워진 5층 저택은 외관부터 화려하고 위엄이 있었다. 하지만, 이 건물은 원형 그대로의 모습은 아니다. 원래 모습은 제2차 세계대전 당시 폭격으로 완파되었다. 전쟁 후에 독일 시민들은 이 건물의 운명을 두고 논의했으며, 복원과 보존을 통해 그의 유산을 지키기로 결론 내린다. 생존자들의 증언과 남겨진 사진을 바탕으로 철저한 고증 과정을 거친 뒤, 1947년부터 복원 작업이 시작되었고, 독일 복원 기술의 정수로 평가 속에서 1951년 마침내 원형 그대로 재건한다. 그들의 기술이 얼마나 뛰어난지 문을 열고 저택 안으로 들어서면 마치 18세기로 시간 여행을 온 듯한 느낌을 받을 수 있다.

프랑크푸르트 괴테하우스(독일관광청)

깔끔하게 손질된 뜰을 지나 문을 열고 내부로 들어가면, 부엌과 식당이 눈에 들어온다. 부엌 화덕에는 다양한 조리 도구가 정돈되어 있고, 벽걸이 선반에는 오래된 접시와 쟁반이 걸려 있다. 식탁 위에는 다과용 식기들이 정갈하게 준비된 채로 놓여 있다.

가장 눈에 띄는 건 부엌 한쪽에 설치된 물 펌프였다. 당시 대부분의 가정에서는 공중 우물에서 물을 길어오는 것이 일반적이었기에, 집안에 물 펌프가 있다는 사실은 괴테 가문의 경제력이 얼마나 뛰어났는지를 잘 보여준다.

이곳에서 괴테의 어머니는 요리사 한 명, 하녀 두 명과 함께 매일 손님들을 위한 음식을 준비하곤 했다. 당시 이 집을 찾는 손님이 연간 15만 명에 달했다고 하니, 손님 접대와 다과 준비로 얼마나 분주했을지 짐작이 간다.

괴테하우스 부엌 내부

피라미드 피아노

넓은 계단을 올라가면 '가족 음악실'이라 불리는 인상적인 공간이 있다. 이 방에는 두 대의 고풍스러운 건반 악기가 놓여 있는데, 수직으로 세워진 독특한 형태의 피라미드 피아노가 시선을 끈다. 이 피아노는 유명한 악기 제작자인 크리스티안 에른스트 프리데리치 Christian Ernst Friederici가 만든 작품이다. 다른 벽면에는 피아노의 초기 형태라 할 수 있는 붉은색 클라비코드가 놓여 있고, 그 위에는 괴테 가족의 초상화가 걸려 있다.

괴테는 이 방에서 자주 부모와 여동생 코르넬리아Cornelia와 함께 악기를 연주하며 감성을 키웠다. 가족 연주회의 순간마다 괴테는 첼로를 연주했고, 아버지는 루트를, 여동생은 피아노를 맡았으며 어머니는 노래를 불렀다고 전해진다. 그 조화로운 사운드는, 괴테의 내면에 아름다움과 조화의 감각을 심어주었으리라.

관리자에게 허락을 구하고 피라미드 피아노를 직접 연주해 볼 수 있었다. 문을 양쪽으로 열어둔 상태에서 건반을 눌러보면 해머가 현을 때리는 모습이 드러나는데, 청각과 시각을 동시에 자극했다. 이런 독특한 경험은 감각을 자극하며, 감성을 풍부하게 키우기에 안성맞춤이라는 생각이 들었다.

3층으로 올라가는 철제 계단 난간에는 부모의 머리글자인 JCG와 CEG가 문양처럼 새겨져 있지만, 무심코 지나치기 쉽다. 매일 오르내리는 공간에 이름을 새겼다는 것은 단순한 장식 이상의 의미를 담고 싶었던 것은 아니었을까. 어쩌

난간에 새겨진 J.C.G

면 부부애를 상징하거나, 어쩌면 집을 처음 지었을 때 머릿돌처럼 영원히 그 이름을 남기고 싶었던 마음이 아니었을까 하는 생각이 들었다.

3층 복도에 서면 키보다 훨씬 큰 거대한 크기의 천문시계가 눈길을 끈다. 천장에 닿을 듯한 크기의 이 웅장한 시계를 그냥 지나치는 사람은 없었다. 시계의 맨 위에는 연월일과 요일을 알려주는 회전 장치가 있고, 중앙에는 시간을 표시하는 시계가 자리하고 있다. 좌측에는 동물을 수대기호를 통해 태양의 위치를 알려주는 장치가 있으며, 우측에는 달의 기울기를 표시하는 기능이 있다. 맨 아래 유리 칸 내부에는 조련사와 춤추는 곰이 보이는데, 이 곰은 시계가 멈추기 6시간 전에 등을 대고 쓰러진다. 이때 시계태엽을 감아야 한다.

천문시계

이 놀라운 시계는 천문학, 방정식, 그리고 기계적인 움직임을 정확히 계산할 수 있는 교육을 받았던 빌헬름 프리드리히 후스겐Wilhelm Friedrich Husgen이 시계 제작자인 킨징Kinzing 형제에게 제작을 의뢰하여 1746년에 완성된 작품이라고 한다. 어린 괴테도 이 시계를 보고 감탄했다는 이야기가 전해지고 있으며, 그래서인지 그는 일요일마다 직접 태엽을 감는 일을 맡았다고 한다. 관리가 잘 되고 있어, 촬영하던 날에도 이 시계는 여전히 정교하게 작동하고 있었다. 천문시계 앞에 서니 시계태엽을 감아주던 소년 괴테의 모습이 눈앞에 아른거렸다.

이 시계가 1749년 8월 24일 정오를 가리켰을 때, 안쪽에 있는 방에서 괴테가 태어났다. 그가 태어난 방으로 들어서니, 한쪽 벽에 놓인 월계관이 눈에 띈다. 영국 셰익스피어 가문이 그의 탄생일을 축하하며 보냈다고 한다. 20세기 초부터 이어져 온 두 가문 간의 우정의 상징이다.

요한 카스파르 괴테(부), 카타리나 엘리자베스 괴테(모)

그 옆 방은 괴테 어머니의 방이다. 창가 옆에는 그녀의 초상화가 걸려 있었고, 문 옆에는 아버지의 초상화가 자리하고 있었다. 어머니의 초상화는 생전에 그려졌지만, 아버지의 초상화는 사후에 그려졌다고 한다.

초상화와 괴테의 말년 사진을 비교해 보면, 날카로운 얼굴의 윤곽이나 코, 굳게 다문 입술에서 아버지의 흔적이 보이고, 총명해 보이는 눈은 어머니를 닮은 듯 보인다.

괴테는 생전에 자신의 특징을 이렇게 말했다. "나는 아버지로부터 체격과 인생에 대한 진지한 자세를 물려받았고, 어머니로부터는 명랑한 기질과 이야기를 만들어내는 즐거움을 배웠다. 그리고 내 안에는 창조의 영감이 샘물처럼 고여 있었다."

방의 한쪽 벽면에는 유리장이 배치되어 있으며, 안에는 금빛 테두리가 둘린 다기가 가득 채워져 있었다. 괴테의 어머니는 "계급, 나이, 성별과 상관없이 나는 사람들을 사랑한다"라며 손님들과의 눈높이를 맞추고 대화를 즐기던 사람으로 알려져 있다. 그녀의 흔적은 여전히 이 공간 안에 남아 있어, 마치 지금도 다기를 꺼내 손님들과 환담을 나누기 위해 차를 준비하고 있는 듯했다.

아버지의 서재로 이어지는 길에는 다양한 미술 작품이 있다. 괴테의 아버지는 미술 작품을 수집하는 것이 취미였다고 하는데, 전시된 작품이 많아서 마치 화랑 같다. 이 공간을 지나면 아버지의 서재가 나온다. 당시에는 방대한 책들이 있었겠지만, 현재는 일부만 남아 있다고 한다. 그럼에도 철학, 역사, 문학, 과학, 예술 등 폭넓은 분야의 전문 서적 약 2천 권이 빼곡하게 책장에 꽂혀 있었다.

아버지 서재

　노력형 학자로 알려진 그의 아버지는 여러 나라의 언어를 배우며 다양한 학문을 탐구했고, 이를 바탕으로 창의적인 교육 프로그램을 손수 설계할 정도로 열정적인 사람이었다. 아버지가 만들어 놓은 학문적인 환경과 교육은 괴테에게 자연스럽게 지식과 지성을 키울 수 있는 밑바탕이 되었을 것이다.

　서재 한쪽엔 괴테가 '스파이'라고 불렀던 창문이 있다. 창문 너머로는 집 앞 거리까지 환히 내려다보인다. 이 창문은 자유분방한 아들을 관리하기 위해 그의 아버지가 문밖출입을 감시하던 곳이었다고 전해진다. 청년 시절 괴테가 귀가 시간이 늦는 날이면 이 창문의 시야를 피해서 집 뒤의 담을 뛰어

넘곤 했다는 얘기가 떠올라 슬며시 미소가 머금어졌다. 끊임없이 격정적인 열정을 품었던 그를 조용한 학문 세계에만 붙들어 두려 했던 아버지의 노력은 어쩌면 처음부터 무리가 아니었을까.

4층에서 주목할 공간은 인형극 상자가 있는 방과 괴테가 작품을 썼던 방이다.

인형극 상자는 괴테의 창의성을 깊이 이해하고 있던 그의 외조모가 선물한 것이다. 네 살이었던 어린 괴테는 외조모의 의도를 간파한 듯, 이 선물을 잘 활용했다. '인형극'이라는 이름에 걸맞게 직접 각본을 써서 다양한 창작극을 만들었고, 이를 다른 사람들 앞에서 직접 상연하는 것을 즐겼다고 한다. 이런 경험이 그의 내면에 잠재된 문학적 재능을 일깨우고, 문학의 꿈을 키우는 데 중요한 역할을 했던 것이 아니었을까 싶다.

괴테가 사용했던 인형극 상자

괴테가 청년 시절까지 거처하며 작품을 썼던 방에는 창가 옆에 책상과 의자가 놓여 있는 구조로 다른 방들과 유사하다. 이곳에는 벽을 마주 보는 형태의 높은 책상이 자리하고 있는데, 의자는 없다. 서서 글을 쓰는 용도로 설계된 책상이기 때문이다. 괴테는 글쓰기에 몰두할 때 주로 이 책상을 사용하며 늘 서서 글을 썼다고 한다.

괴테가 쓰던 책상과 로테의 실루엣

방 입구에는 로테의 실루엣이 걸려 있었다. 스물셋의 괴테가 가슴 깊이 사랑했던 여인. "나는 밖으로 나갈 때나 집으로 돌아왔을 때 몇천 번이나 그 그림에 키스했고, 또 몇천 번이나 눈인사를 했다"라는 그의 고백에는 뜨거운 사랑의 감정이 묻어나지만, 이룰 수 없는 사랑은 그에게 큰 고뇌를 안겨줬다. 『젊은 베르터의 고뇌』 속 베르터의 "우리 세 사람 중 한 명은 사라져야 한다"라는 대사는 괴테 자신의 내면을 대변하고 있다.

이곳에서 로테를 향한 청년 괴테의 열정과 고뇌가 쌓이게 되고, 그 결과 『젊은 베르터의 고뇌』라는 불멸의 작품이 탄생했다.

괴테의 생가는 단순한 고택이 아니다. 괴테라는 존재가 태어나서 성장한 공간이며, 사랑하고 절망했던 모든 감정의 원점이다. 나는 이곳에서 청년 괴테의 심장을, 그의 문학의 숨결을 느꼈다.

신앙, 교회, 그리고 문학 속 성서

생가를 뒤로하고 시내 중심가에 있는 성 카탈리나 교회Evangelische St. Katharinenkirche로 발길을 옮겼다. 이 교회에서 괴테의 부모가 결혼식을 올렸고, 그도 유아세례와 견진성사를 받았다. 취재 당시에도 많은 이들이 그의 삶의 흔적을 쫓아 이곳을 찾고 있었다. 교회는 해마다 그가 태어난 8월 28일 정오에 종을 울리며 그의

성 카탈리나 교회

탄생을 기린다고 한다. 만약 이 시기에 생가를 방문할 계획이 있다면 시간에 맞춰 교회를 찾아보는 것도 인상 깊은 추억이 될 것이다.

괴테는 어린 시절부터 성경을 접하며 자랐다. 그에게 성경은 단순한 종교 경전이 아니라, 상상력의 근원지였고, 문학 창작의 정신적 영감의 원천이었다. 그의 작품 속에는 성경의 인물과 이야기에서 비롯된 모티프들이 자주 등장한다. 『젊은 베르터의 고뇌』에서의 인간 내면의 고뇌, 『이탈리아 기행』에서의 이상향에 대한 동경, 『파우스트』에서의 구원과 타락의 주제 등

그의 글을 구성하는 깊은 사유와 상징들은 성경에 나오는 이야기로부터 영향받았음을 알 수 있다.

그러나 정작 그는 독실한 기독교인의 삶을 살지는 않았다. "나는 반기독교인이나 말뿐인 기독교인unchristian이 아니라 비기독교인nonchristian이다"라는 그의 말은 종교에 대한 회의적인 태도를 잘 보여준다.

그가 신에 대한 믿음을 잃게 된 데에는 어린 시절 겪은 두 개의 큰 사건이 결정적이었다고 전해진다. 하나는 1755년, 유럽 사회에 충격을 안겨준 리스본 대지진이었고, 다른 하나는 이듬해 발발한 7년 전쟁이었다. 그는 이 두 사건을 통해 인간의 고통과 자연의 무자비함, 전쟁과 죽음 앞에서 '신은 과연 어떤 존재인가?'라며 신에 대해 회의를 느끼게 되었다고 한다.

베츨라에서 느끼는 베르터의 향기

프랑크푸르트에서 북쪽으로 약 60km 떨어진 베츨라Wetzlar는 인구 5만여 명이 살고 있는 작은 도시지만, 괴테의 문학적 고향으로 유명하다. 이곳은 『젊은 베르터의 고뇌』 속 주요 인물들의 실제 배경으로, 샤를로테 부프Charlotte Buff의 고향이자, 베르터가 생을 마감하는 장면의 모티브가 된 카를 빌헬름 예루잘렘Karl Wilhelm Jerusalem의 비극적인 이야기가 남아 있는 곳이다. 말하자면, 베츨라는 그의 작품이 살아 숨 쉬는 무대라고 할 수 있다.

1772년, 스물세 살의 괴테는 베츨라에 도착했다. 라이프치히 대학에서 법학을 공부하며 변호사 자격을 취득한 그는, 아버지의 뜻에 따라 신성 로마 제국 최고 재판소가 위치한 이곳에서 법률 실무 수련을 쌓기 위해서였다. 당시 고향을 떠나는 심정을 그는 자서전에서 다음과 같이 기록했다.

난 떠나오는 것이 얼마나 기쁜지 모르겠다. 전과 같이 조그마한 불행한 일을 두고두고 되씹는 일은 이제 그만둬야겠어. 현재만 그대로 받아들이고 과거는 과거대로 내버려둘 작정이야. 벗이여. 만일 인간이 그렇게 극성스럽게 상상력을 발휘해서 지난 불행에 잠기지 말고, 현재를 좀 더 여유 있게 살아간다면 인간들에 대한 괴로움이 훨씬 더 줄어들지 않을까.
- 『시와 진실』 중에서 -

그가 머물렀던 곳은 란강Lahn을 따라 이어진 코른마르크트Kornmarkt 광장 7번가였다. 이곳은 그가 지냈던 하숙집으로, 건물 외벽에 '1772년 여름, 괴테 이곳에 머물다'라는 문구가 적힌 표지석이 붙어 있어, 여전히 그의 발자취를 전해준다.

광장 주변은 음식점과 카페 등 여러 상점이 있지만, 단조로운 건물들로 둘러싸여 조용하다 못해 심심하게 느껴진다. 정서적으로 예민하고

베츨라에 머무는 동안 살았던 하숙집

다감했던 젊은 천재에게는 이 풍경과 분위기가 지나치게 무미건조하게 느껴졌을지도 모른다.

하숙집에서 약 4분 정도 걸어가면 한때 신성 로마 제국 최고 재판소로 사용되었던 건물을 볼 수 있다. 촬영 당시에는 카페로 운영되고 있어 원래의 모습은 거의 찾아볼 수 없었다. 하지만 건물 전면 중앙에 검은색 쌍두수리가 머리에 왕관을 쓰고 칼과 십자가의 공을 다리에 쥐고 있는 문장이 붙어 있다. 과거 이곳이 최고 재판소였음을 증명하는 듯 문장의 크기는 창문만큼 컸다. 이와 더불어 1층 벽에 "이 집은 1606년부터 1690년까지 제국 도시 베츨라의 시청이었고, 1693년부터 1806년까지 신성 로마 제국 재판소와 법무실이었다DIESED HAUS WAR 1606-1690 RATHAUS DER REICHSSTADT WETZLAR VON 1693-1806 SITZ UND AB 1756 KANZLEI DES REICHSKAMMERGERICHTES"라는 내용이 독일어로 적혀 있어 건물의 역사를 설명한다.

신성 로마 제국 최고 재판소의 문장

그는 이곳에서 법률 수련을 했지만, 법률가로서의 길에는 큰 뜻이 없었다. 엄격하고 딱딱한 법률과 권위적이고 형식적인 수련 환경은 그의 기질과 맞지 않았다. 단조로운 일상에 지치면 주변 식당을 찾곤 했다. 특히 '황태자 식당'이라 불리는 장소는 그의 주요 아지트였다. 그곳에서 그는 대화 상대들과 논쟁을 즐기며 떠들기도 하고, 때로는 술에 기대어 고민을 달래며, 혹은 고독을 느끼며 혼자 시간을 보냈다.

그는 이 도시에 머무는 동안 만난 사람들에게서 깊은 유대감을 느끼지 못해 외로움을 겪고 있었다. 소설 속 베르터가 한 말은 마치 그의 마음을 대변해 주는 것 같다.

> 아직 마음에 드는 친구는 한 사람도 찾아내지 못했다. 여러 사람이 내게 호의를 베풀어 주지만 그럴수록 피차에 흘러가는 외로운 길. 잠시 동행하다 스쳐 갈 뿐이라는 생각에 서글퍼질 뿐이다. 사람과 가까워지고 사람에게 정이 들어가는 것은 얼마나 부질없으며 위험한 일인가. 그에 비해 자신에게 상처를 내는 이마저 침묵으로 포용하는 자연은 얼마나 신뢰할 만한 친구인지 모른다. 사람에 대해서 요즘 나는 열중할 일도 감동할 일도 없다.
>
> -『젊은 베르터의 고뇌』중에서 -

그렇기에 그가 베츨라에서 가장 즐겨 했던 일은 자연 속을 거니는 것이었다. 거리의 풍경은 특별하지 않았지만, 도시를 둘러싼 자연은 그의 감성을 자극하기에 충분했을 것이다.

> 이곳의 거리 자체는 그다지 유쾌하다고 볼 수 없다. 그러나 주위의 자연은 너무나 아름답다. 이 낙원처럼 아름다운 곳에서 고독하다는 것은 내 마음의 소중한 향유가 아닐 수 없다.
>
> -『젊은 베르터의 고뇌』중에서 -

그가 특히 자주 찾았던 곳은 도시 뒤편에 있는 가르벤하임^{Garbenheim} — 소설 속에서는 '발하임^{Wahlheim}'이라는 불리는 — 마을의 언덕길을 거닐며 스치는 바람과 스미는 햇살, 끝없이 펼쳐진 하늘과 흔들리는 잎사귀의 소리를 들으며 내면에서 솟아나는 숱한 감정과 영감의 소리에 귀를 기울였을 것이다. 그러나 이십 대 청춘의 열정으로 가득 차 있던 괴테에게, 정적 속 자연의 속삭임만으로 그의 뜨거운 내면을 완전히 채우는 것은 어쩌면 역부족이었는지도 모른다.

괴테의 뮤즈, 샤를로테

그는 아름다움에 끌리고, 끊임없이 사랑의 대상을 찾아 헤맸다. 그러한 그에게 샤를로테와의 첫 만남은 찬란한 빛과도 같았을 것이다.

샤를로테 부프.
그녀는 괴테라는 천재를 만나 그의 뜨거운 사랑을 받았지만, 그 마음을 받아들이지는 않았으며, 훗날 전 세계 독서계에 충격을 준 소설 『젊은 베르터의 고뇌』의 여주인공 '로테'로 기억되며 문학사에 길이 남은 여인이다.
대체 그녀는 어떤 사람이었으며, 두 사람은 어떻게 만나고 얽히게 되었을까? 궁금증을 안고 로테의 집을 찾았다.

시내 중심가에 있는 베츨라 대성당$^{Der\ Wetzlarer\ Dom}$ 앞 골목길을 따라 걷다 보면 샤를로테가 살았던 '로테의 집$^{Lotte\ Haus}$'을 쉽게 찾을 수 있다. '샤를로테 부프가 1753년 1월 태어났다'In diesein hause wurde charlotte buff am 11 Januar 1753 geboren'라는 표지판이 취재진을 반겨주었다.

이곳에서 만난 로테의 집 박물관장 빌헬름 하이란드는 다음과 같이 두 사람의 첫 만남을 설명했다. "당시 괴테 할머니의 막내 여동생이 베츨라에 아들과 함께 머물고 있었습니다. 그 아들은 괴테와 동갑이었으며, 샤를로테의 언니인 카롤리네 부프Karoline Buff와 약혼한 사이였습니다. 1772년 6월 9일은 카롤리네의 생일이었는데, 그녀의 어머니는 이미 세상을 떠난 상태였습니다. 그래서 괴테 할머니는 장래 며느리를 위한 조촐한 무도회를 열기로 하였고, 괴테는 그 무도회에 참석하기 위해 샤를로테를 데리러 그녀의 집을 방문하게 된 것입니다"

괴테는 자신의 분신이라 할 수 있는 베르테를 통해 로테와의 첫 만남을 이렇게 묘사했다.

집 앞 계단을 올라 현관문에 발을 들여놓자, 나는 여태까지 보지 못했던 매혹적인 광경을 목격할 수 있었다. 그 현관방에는 위로는 열한 살부터 밑으로는 두 살쯤 되어 보이는 어린아이들이 한 처녀를 둘러싸고 와글거리고 있었다. 하얀 드레스를 입은 그녀는 손에 든 검은 빵을 정답게 나눠주고 있었다. 그녀의 몸매와 음성에 난 그만 단 한 순간에 매혹되고 말았던 것이다.
- 『젊은 베르터의 고뇌』 중에서 -

로테의 집 앞에 섰을 때, 묘한 감정을 지울 수 없었다. 현실과 소설의 경계가 모호해지며 내가 오늘 만나려는 사람이 괴테의 샤를로테인지, 베르터의 로테인지 순간적으로 혼동될 정도였다. 이 공간에 실존 인물과 가상의 인물이 동시에 존재하는 것처럼 느껴졌다.

로테하우스 로비 벽에 걸려있는 작품 'Lotte'

현관문을 열고 들어서면 좁은 로비 벽에 그림 하나가 걸려 있다. 화가 빌헬름 폰 카울바흐Wilhelm von Kaulbach가 『젊은 베르터의 고뇌』를 읽고 감명을 받아 소설의 한 장면을 그대로 묘사해 그린 작품, 'Lotte'다. 그림 속에는 방에서 여덟 명의 아이에게 둘러싸여 빵을 잘라 나눠주는 여인이 보이고, 그녀의 뒤쪽으로 문을 열고 들어오는 남자의 모습이 담겨 있다. 아이들과 함께 있는 여인은 로테이며, 문에 서 있는 남자는 베르터다. 이 장면은 로테와 베르터의 첫 만남을 상징적으로 담고 있다.

실제로 샤를로테는 열여섯 명의 자녀 중 둘째로 태어났다. 그녀의 어머니는 일찍 돌아가셨고, 이후 네 명의 동생도 어린 시절에 세상을 떠났다. 로테는 어머니를 대신해 집안 살림을 하며 동생들을 돌보았다. 그런데도 그녀는 늘 명랑한 목소리와 밝은 모습을 유지하고 있어서, 가족뿐만 아니라 근처에 살고 있던 기사단 아이들의 마음을 사로잡아 항상 아이들로부터 둘러싸여 있었다고 전해진다. 그녀는 사랑받는 존재였다. 어딘가에서 그녀의 맑고 웃음 가득한 목소리가 들려오는 것만 같았다.

1층 부엌에는 대가족이 살았던 흔적이 남아 있는 식기들이 누군가를 기다리듯 전시되어 있었다. 약 이백 년 전, 그녀는 매일 이 공간에서 어머니의 마음으로 가족들을 위한 식사를 준비했을 것이다. 식사를 기다리며 왁자지껄 떠드는 가족들의 모습이 그려져 흐뭇한 미소가 저절로 번졌다. 아마 괴테도 이런 그녀의 모습에서 짙은 모성애를 느꼈을 것이다.

집의 다른 한쪽에는 그녀의 초상화가 걸려 있었다. 열아홉 살에 그려진 그녀의 젊고 고운 얼굴은 괴테가 매혹되었던 그 실제 모습을 담고 있다.

계단에 올라서면 창문 사이로 잔잔한 햇살이 비추는 작은 방이 나타난다. 바로 이곳에서 괴테와 샤를로테는 많은 시간을 보냈다. 그는 그녀를 바라보며 들려오는 말 한마디, 작고 세심한 표정과 사소한 손짓 하나까지도 더 없이 소중히 마음속에 새겼을 것이다. 이루어질 수 없는 가혹한 현실을 알면서 가슴 속에서 끊임없이 솟아나는 뜨거운 사랑, 그것이 그가 그녀에게 느낀 감정이었을 것이다.

그녀는 일종의 멜로디를 갖고 있다. 그리하여 천사와 같은 힘을 빌려 그것을 피아노로 극히 소박하고 재치 있게 치면 나의 모든 괴로움과 혼란과 번뇌는 단숨에 사라져 버리고 만다.
- 『젊은 베르터의 고뇌』 중에서 -

샤를로테가 사용했다는 피아노는 다른 방에 고요하게 진열되어 있었다. 그녀는 그가 자신을 사랑한다는 사실을 잘 알고 있었지만, 그와 친구 이상의 관계로 발전하기를 원하지 않았다. 비공식적이지만 약혼자가 있었기 때

로테하우스의 피아노

문이다. 그래서 그가 감정에 휩싸일 때면, 그녀는 흐르는 선율이 그의 마음을 다독여 진정시키기를 바라며 조용히 피아노를 연주했을 것이다.

유리로 된 진열장에는 그녀가 사용했던 소지품들이 가지런히 전시되어 있었다. 액자 속 초상화, 대나무 바구니, 양산 등 하나하나가 그녀의 흔적을 품고 있었다. 세월의 흔적으로 빛은 바랬고, 볼 수는 있지만 닿을 수는 없는 유품들을

실제 샤를로테가 사용했던 소품들

보며, 사랑하지만, 결코 넘볼 수 없는 신성불가침의 존재였던 그녀를 향한 괴테의 애절한 심정도 이와 같지 않았을까.

로테의 집에는 놀라운 이야기 하나가 있다. 제2차 세계대전 당시 폭격으로 도시 전체가 초토화되었을 때도, 이 집은 앞쪽 일부만 손상되었을 뿐 본채는 거의 피해를 보지 않아 온전히 보존되고 있다는 것이다. 괴테와 샤를로테의 추억을 품은 이 집이 마치 하늘의 보호를 받았던 것만 같다.

도시 곳곳에서는 괴테와 베르터의 흔적을 만날 수 있다. 베르터와 로테가 함께 했던 장소들은 여전히 잘 보존되어 있다.

작품에서 베르터가 처음 로테를 만나 함께 갔던 무도회장은 마을 외곽에 위치해 있다. 꽤 오랜 세월이 지났지만, 건물 외벽에 '괴테 1772년 6월 9일

Goethe 9. Juni 1772'이라고 적힌 문구가 자랑하듯 새겨져 있어, 이곳이 작가의 영감이 된 실제 공간이었음을 알려주고 있다.

취재차 이곳을 찾아갔을 때 작품 속 한 장면으로 안내하듯 비가 내리고 있었다. 잠긴 문 너머로 텅 빈 정원이 보이던 순간, 떨어지는 빗방울에 비쳐 화려했던 무도회의 환영이 스쳐 지나가는 듯한 착각이 들었다.

> 조그마한 언덕을 내려가면 아치형의 문 앞에 나서게 되고 거기서 스무 계단쯤 내려가면 그 아래 맑은 샘물이 바위틈에서 솟아 나오고 있다. 이 샘터는 전에도 내가 가장 좋아하던 곳이었고, 로테와 함께 찾은 지금이 몇 배나 더 정다운 곳이 되었다.
> - 『젊은 베르터의 고뇌』 중에서 -

베츨라에 있는 괴테의 샘

'괴테의 샘 Goethe Brunnen'으로 불리는 장소는 여전히 많은 방문객의 발길이 끊이지 않고 있었다. 쓸모를 잃은 지 오래된 샘이지만, 그가 자주 찾았다는 이유 하나만으로 곱게 보존되어 있었다. 샘 입구를 감싼 수목들이 내뿜는 푸른 기운이 주변을 상쾌하게 했다.

그에게 이곳은 목을 축이는 샘이 아니라 감정의 원천인 곳이다. 로테와 함께 이곳을 찾은 베르터는 바위틈에서 맑게 솟아 나오는 시원한 샘물 몇 모금을 마시며 생기를 되찾는 나그네처럼, 샘가에서 로테와 마주하며 세례를 받듯, 순수하게 영혼이 정화되는 느낌을 받았을 것이다.

가르벤하임의 한 농가 옆에도 그의 기념비가 서 있다. 베르터가 호머Homer 와 오시안Ossian의 시를 읽으며 가끔 머리를 들어 가까이 다가갈 수 없는 한 여인을 그리워하는 시간을 보내곤 했던 곳이다. 자연과 문학, 사랑과 고통이 교차하는 이 공간에서 괴테는 영혼의 진실을 써 내려갔을 것이다.

괴테는 베츨라에서 요한 크리스티안 케스트너라는 사람을 알게 되었고, 그의 약혼녀가 샤를로테 부프라는 사실도 알게 되었다. 세 사람은 함께 시내 근처를 자주 산책할 정도로 친밀한 관계를 유지했다. 그러나 그는 갈수록 그녀에 대한 사랑이 깊어가는 것을 느끼게 되었다. 그녀를 향한 감정은 그 무엇으로도 채워지지 않았기에, 마음속에서 고뇌와 갈등의 날들을 보내게 된다.

도대체 알 수가 없다. 내가 그토록 열렬히 그녀를 사랑하고 있는데 어떻게 나 이외의 다른 남자가 그녀를 사랑할 수 있으며 또 사랑해도 괜찮다는 말인가. 요즘 나는 다시 자리에서 깨어나지 않기를 바라면서 잠자리에 드는 경우가 많다. 이튿날 아침에 눈을 뜨고 햇빛을 다시 봐야 한다는 것은 매일 겪어야 하는 절망이다. 모든 것이 내 죄인 줄 너무나 잘 알고 있다. 내 마음 속에 모든 비극의 원인이 들어 있는 것이다. 결국 로테의 곁으로 되돌아가고 싶을 따름이다. 그것이 내가 바라는 전부다.
-『젊은 베르터의 고뇌』 중에서 -

괴테에게 그녀는 빛나는 존재였지만, 두 사람 모두 사랑이 이루어질 수 없다는 것을 알고 있었다. 결국 그가 고향인 프랑크푸르트로 돌아가면서 이 사랑이 끝이 나게 된다. 해소되지 않은 사랑은 그를 또 다른 복잡한 감정에 얽히게 만든다. 이번에는 남편이 있는 막스밀리아네에게 매력을 느껴 그녀의 주위를 맴돌게 되는데, 이로 인해 그녀의 남편과 격렬한 말다툼까지 벌일 정도였다.

만약 괴테가 여기까지의 경험만으로 작품을 썼다면 단지 비극적인 사랑 이야기로만 끝났을지도 모른다. 그러나 작품의 방향을 결정적으로 바꾼 하나의 사건이 베출라 지역 신문을 통해 알려지게 되는데, 그것은 바로 예루잘렘이라는 인물이 권총 자살로 생을 마쳤다는 소식이었다. 그는 괴테도 알고 있던 사람으로, 약혼자가 있던 엘리자베스라는 여인을 사랑했지만, 결국 그 사랑을 포기하면서 절망에 빠져 죽음을 맞이한 인물이다. 이루지 못한 사랑, 자기 자신에 대한 의문, 그리고 현실 사회와의 불일치가 그를 절망의 구렁텅이에 빠뜨리고 자살로 내몰았다.

괴테는 그의 이야기를 자신의 경험과 너무나 유사하게 느꼈을 것이며, 그로 인해 큰 충격을 받았을 것이다. 그는 예루잘렘의 비극적 결말을 자기 일처럼 받아들였고, 그가 겪은 감정의 일면을 작품에 반영하게 된다. 샤를로테와 막스밀리아네라는 두 여성을 통합해 로테라는 여주인공을, 예루잘렘의 비극적인 이야기에 자신의 감정을 덧붙여 베르테라는 주인공을 만들어냈다. 불후의 명작 『젊은 베르터의 고뇌』는 바로 이렇게 탄생했다.

이룰 수 없는 사랑에 빠져 결국 권총 자살로 생을 마감한 베르터의 실존 모델, 칼 빌헬름 예루잘렘. 비극적 역사와 그가 남긴 흔적을 간직한 그의 집 Das Jerusalemhaus은 쉴러플라츠Schillerplatz 5번지에 자리 잡고 있다.

칼 빌헬름 예루잘렘 초상화

그의 집은 3층에 있으며, 방 두 개를 갖추고 있었다. 예루살렘의 방 한쪽 벽에는 푸른 외투를 걸친 그의 초상화가 걸려 있었다. 방 안에는 그가 권총 자살을 했을 때 앉아 있었다는 의자와 아래쪽에 두 칸짜리 서랍, 위쪽에 여섯 개의 작은 서랍이 달린 나무 책상이 그대로 남아 있었다. 책상 위에는 자살 직전에 마지막으로 읽었다는 레싱의 책 『에밀리아 갈로티(Emilia Galotti)』가 펼쳐진 채 놓여 있었고, 권총을 빌리기 위해 쓴 편지와 그의 마지막 유언이 작성되었을 것으로 보이는 펜도 오랜 세월 켜켜이 쌓인 먼지와 함께 자리를 지키고 있었다.

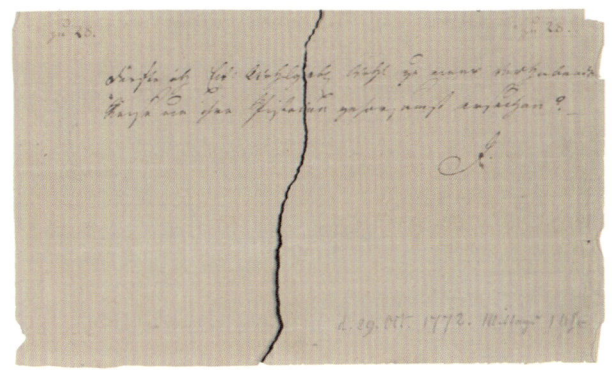

Dürfte ich Euer Wohlgeboren wohl zu einer vorhabenden
Reise um ihre Pistolen gehorsamst ersuchen?
"여행을 하려고 하는데 권총을 빌려주시겠습니까?"
– Das Billet Jerusalems an Kestner vom 29. Oktober 1772 –

『에밀리아 갈로티』를 보는 순간, 나는 예루잘렘의 마지막 순간을 떠올렸다. '죽음'은 그가 선택할 수 있었던 유일한 자유가 아니었을까.

손잡이가 호두나무로 만들어진 구경 7mm의 호신용 권총은 예루잘렘이 자살 당시 사용했다고 알려진 것과 동일한 모델이다. 흥미롭게도 예루잘렘이 권총을 빌려달라고 요청했던 이는 샤를로테의 남편인 요한 크리스티안 케스트너였다.

베르터가 로테에게 보낸 마지막 편지의 문구처럼 방 한쪽에는 자정에 가까운 시각을 가리키며 멈춰 있는 시계가 자리하고 있었다.

"로테, 처음 만난 순간부터 나는 당신을 놓을 수 없었습니다. 방아쇠는 이미 장전되었습니다. 시계가 열두 시를 치고 있습니다. 그럼, 로테여, 안녕."

이 문구는 마치 베르터의 죽음과 함께 정지된 시간 속에서 멈춰져 있는 듯한 분위기를 자아내고 있었다.

예루잘렘의 집에 있는 다른 방에는 침대가 놓여 있었으며, 벽에는 그가 사랑했던 여인, 엘리자베스 헤르드 Elisabeth Herd의 초상화가 걸려 있었다. 그 초상화가 비극적인 사랑을 더 부각하는 듯했다.

이튿날 아침 여섯 시 하인이 들어왔을 때 베르터는 책상 옆 방바닥에 쓰러져 있었고, 옆에는 권총이 떨어져 있었다. 피투성이의 그는 푸른 연미복에 노란 조끼, 맨 처음 로테를 만날 때 입었던 바로 그 옷을 입고 있었다. 침대로 그를 옮긴 뒤, 잠시 괴로워하던 그는 낮 열두 시에 숨을 거두었다. 유해는 일꾼들의 손에 의해 운반되었으며 성직자는 한 사람도 동행하지 않았다.

- 『젊은 베르터의 고뇌』 중에서 -

괴테는 마치 예루잘렘의 죽음을 직접 목격한 것처럼 작품 속에서 이를 매우 세밀하게 묘사했다. 예루잘렘의 서명으로 끝나는 편지는 베르터가 마지막으로 로테의 남편에게 쓴 편지와 내용이 동일하며, 자살을 시도할 당시 입었던 옷과 방의 모습은 물론, 죽음 이후 묘지에 안장되는 과정까지도 극도로 상세하게 기술했다. 그만큼 괴테는 예루잘렘의 죽음을 자신의 내면에서 느꼈기 때문일 것이다.

장미공원 한쪽에 마련된 예루잘렘 기념비

베츨라의 장미공원^{Rosengarten} 한편에 세워진 예루잘렘의 기념비에는 "괴테의 베르터인 브라운 슈바이크 출신의 공사관 서기관인 카를 빌헬름 예루잘렘 1717.3.21."라는 문구가 새겨져 있다.

기념비를 찾으며 만난 기젤라 폰 쉬나이더메쎄르^{Gisela von Schneidermesser} 관장은 "예루잘렘은 이곳 묘지 근처에 매장되었지만, 기독교 윤리상 용서받을 수 없는 자살을 했기 때문에 기독교적인 장례식은 치러지지 않았습니다. 그의 무덤은 어떠한 표지도 없이 남겨졌으나, 누군가의 애정 어린 손길에 의해 그의 무덤가에 들장미 한 다발이 심어졌습니다. 『젊은 베르터의 고뇌』가 출간되면서 그의 묘를 찾는 사람들이 끊이지 않게 되자, '베츨라'시는 그의 묘를 철거하게 되었습니다. 그래서 현재 그의 매장 위치는 정확히 알 수 없게 되었습니다. 여기에 세워진 기념비는 괴테 탄생 200주년을 기념하여 '베츨라'시가 건립한 것입니다"라며, 기념비가 문학적 영향을 간직한 역사적 장소로서 중요한 의의를 지니고 있다고 설명해 주었다.

"아름다움을 사랑했고, 아름다움은 내게 창작의 영감을 주었다."
샤를로테를 향한 사랑이 커질수록 괴테의 고뇌와 슬픔 또한 더욱 깊어졌을 것이다. 감정이 최고조에 이르고 더 이상 주체할 수 없는 순간에는, 아무도 모르게 베츨라 대성당을 찾아가 간절히 기도하며 이러한 고뇌를 털어놓았을 것이다.

로테를 저에게 맡겨 주소서. 나는 이런 기도를 드릴 수 없다. 로테를 저에게 돌려주소서. 이런 기도도 드릴 수가 없다. 이미 그녀는 남의 소유가 아닌가. 다만 메마른 대지 위에 엎드린 농부가 비를 청하듯이 나는 땅 위에 엎드려 신에게 눈물을 달라고 기도할 뿐이다.
-『젊은 베르터의 고뇌』중에서 -

베르터의 죽음, 그리고 새로운 삶으로의 승화

『젊은 베르터의 고뇌』에서 베르터는 죽음을 맞이하지만, 책상 위에 남겨진 붉은 포도주는 역설적으로 삶을 이야기하는 듯한 느낌을 준다.

한국외국어대학교 독일어과 이인웅 교수는 『젊은 베르터의 고뇌』에 대해 "이 작품을 단순히 연애 소설로만 생각할 수 있겠으나, 이 작품에는 많은 사상이 깃들여져 있습니다. 괴테는 인간의 한계를 넘어 전 우주를 꿰뚫는 하나의 매개체로 사랑을 선택했습니다. 하지만 그 사랑은 결코 이루어질 수 없는 것이었죠. 왜냐하면 그는 샤를로테라는 여인을 관능적이고 육체적인 여인으로서도 사랑했고, 신성하고 초월적인 존재로도 사랑했습니다. 그러나 이 두 측면은 결코 융합할 수 없는 것이었기에 그의 사랑은 성취될 수 없었습니다. 그러니까 결국 괴테는 베르터라는 인물을 죽임으로써 이루지 못한 자신의 사랑에 대한 감정을 승화시키며, 죽음의 감정에서 탈피한 것입니다. 이를 통해 또 다른 차원의 세계로 나아가게 된 것입니다"라며, 작품이 가지고 있는 의미를 설명했다.

『젊은 베르터의 고뇌』는 괴테 자신을 위한 작품이자 한편으로는 '베르터 효과'를 일으키며 많은 이들에게 영향을 미친 작품이다. 젊은 괴테가 고독과 불안 속에서 한 여인을 만나 사랑으로 그 빈틈을 채우고, 이루지 못한 그 사랑이 그의 대표적인 명작으로 남게 된 것을 생각할 때, 우리는 이를 일정 부분 축복으로 여길 수밖에 없다. 이 작품을 읽은 사람이라면 괴테의 흔적을 따라 프랑크푸르트와 베츨라를 직접 방문해 보고 싶은 생각이 들지도 모른다.

　나는 베츨라에서 삶을 살았으며 사랑을 했고, 많은 고통을 받았다. 다시 말해 베르터의 시절이란 낡은 세계의 형식과 한계에 부딪힌 자유로운 천성들이 현실과 싸우며 살아가는 법을 배워야 할 때 누구나 맞서게 되는 인생의 한 과정인 셈이다. 방해받은 행복, 저주된 행동, 충족되지 못한 희망 그것은 개개인 모두가 만나야 하는 우리의 현실이 아닌가
　-『괴테와의 대화』중에서 -

02

Hermann Hesse

삶이 곧 작품이다

Johann Wolfgang von Goethe

Friedrich von Schiller

괴테와 조금 더 친해지기

Johann Wolfgang von Goethe

1749.08.28 ~ 1832.03.22

요한 볼프강 폰 괴테는 1749년 8월 28일 독일 프랑크푸르트 암 마인에서 태어났다. 그는 학식과 재력을 갖춘 명문가 출신으로, 그의 아버지 요한 카스파르 괴테Johann Caspar Goethe는 황실 고문관을 지낸 법률가였고, 어머니 카타리나 엘리자벳Catharina Elisabeth은 프랑크푸르트 시장의 딸로 예술에 대한 애정이 깊었던 인물이었다.

괴테는 다소 극적인 탄생을 겪는다. 당시 아버지는 서른아홉 살, 어머니는 열여덟 살로 나이 차가 컸던 데다, 초산이라는 점에서 그의 출생은 쉽지 않았다. 그가 세상에 처음 모습을 드러냈을 때 숨을 쉬는 데 어려움을 겪으며 울지 못했고, 얼굴빛이 검어져 산파가 사산으로 판단할 만큼 생명이 위태로운 상태였다. 그는 극적으로 살아남았지만, 건강이 좋지 않아 청년기까지도 체질이 약했다.

괴테는 부모의 영향을 깊이 받으며 성장한다. 부유한 그의 집안 환경은 문학, 예술, 음악에 호기심을 키우는 데 적합했다. 그의 집은 로마 풍경의 동판화와 이탈리아 기념품들이 장식되어 있었고, 책으로 가득 찬 서고는 마치 작은 도서관 같은 역할을 하며 그에게 다양한 분야의 지식을 쌓는 공간이었다. 또한, 어머니의 신앙심 덕분에 어린 나이에 성경을 접할 기회가 있었고, 성경의 문학적 아름다움은 그에게 깊은 감명과 문학 창작의 영감을 주는 중요한 원천이 되었다.

할머니로부터 받은 인형극 상자는 괴테의 상상력을 자극하며 인형극에 대한 흥미를 불러일으켰다. 그는 당시 유럽 전역의 광장과 시장에서 공연

되던 「파우스트」 인형극을 관람하기도 했다. 이는 그에게 창조적 감각과 문학적 영감을 주었고, 나중에 대표작 중 하나인 『파우스트』를 창작하게 되는 기초가 되었다.

괴테는 일곱 살부터 아버지의 지도를 받으며 본격적인 교육 과정을 시작했다. 아버지가 고안한 교육 커리큘럼은 고전어, 라틴어, 수학, 과학 등 문·이과를 넘나드는 폭넓은 학문이 포함됐다. 어머니와의 교류를 통해 음악과 미술에도 관심을 가진다. 이처럼 그는 전인적 교육을 받으며 성장했다.

7년 전쟁으로 프랑스군이 프랑크푸르트를 점령하자 그의 집에 프랑스군 사령관인 토랑 백작이 머문 적이 있다. 아버지는 그를 싫어했지만, 열 살 무렵의 괴테는 프랑스어를 배우고 싶다고 아버지를 설득했다. 아버지는 그를 위해 백작을 극진히 대접하며 친하게 지냈고, 백작은 이런 대접에 고마워하며 독일어를 잘하는 프랑스군 부하 장교를 시켜 괴테에게 프랑스어를 가르치게 해줬다. 미술과 연극 애호가였던 백작을 통해 프랑크푸르트 시에서 열리는 전시회와 연극 등 프랑스 문화를 볼 기회를 얻기도 했다. 이런 경험은 훗날 괴테의 문학적 세계관에 깊은 영향을 끼치며 그의 창작 활동에 중요한 자산이 되었다.

청춘의 불꽃에서 피어나는 문장들

괴테의 문학적 열정은 대학 시절에 본격적으로 꽃을 피운다.
1765년, 열여섯 살의 괴테는 아버지의 권유에 따라 라이프치히 대학에서 법학을 공부하기 시작했지만, 법학보다는 문학과 예술에 심취하며 자유분방한 생활을 즐겼다. 이 시기에 자주 들렀던 주점의 딸 안나 카타리나 쇤코프 Anna Katharina Schönkopf와 교제를 시작하며 연인 관계로 발전한다. 이 시기에 첫 희곡 『연인의 변덕(Die Laune des Verliebten)』을 발표하는데 이 작품에는 자신의 첫 번째 연애 경험이 담겨 있다.

열정의 과잉과 방종한 생활은 그의 건강을 심각하게 해쳤고, 그는 열아홉 살에 고향으로 돌아와 1년 반가량 머무르며 건강을 회복한다. 스물한 살이 되던 해 다시 법학 공부를 이어가기 위해 슈트라스부르크 대학으로 향합니다. 법학 공부를 하면서도 문학과 예술에 대한 갈망은 여전히 강하게 남아 있었다. 슈트라스부르크 대학에 재학 중에 다섯 살 연상의 요한 고틀리프 헤르더 Johann Gottfried Herder와 만나게 되면서 문학적 발전에 중요한 전환점을 맞이한다. 헤르더와의 교류를 통해 그는 민요와 민속, 자연에 대해 깊은 통찰을 얻었으며, 문학이란 인간 감정의 심연에서 자연스럽고 솔직하게 드러나는 것이라는 본질을 깨달았다. 구체적인 형식미보다는 소박하고 원초적인 자연미를 진정한 문학의 핵심으로 이해하게 되었다. 특히, 호머와 셰익스피어 같은 고전 작가들의 작품에 빠져들었고, 이들의 영향을 받아 문학을 더욱 깊이 이해하게 되었다.

창작 활동도 계속 이어 나간다. 1771년에는 희곡 『괴츠 폰 베를리힝겐(Goetz von Berlichingen)』를 쓰기 시작한다. 이 희곡은 1773년에 출간하는데, 그에게 일약 명성을 안겨주었다. 이 시기에 필생의 대작 『파우스트』 집필을 시작한다. 이듬해에는 『젊은 베르터의 고뇌』를 출간한다.

문학의 놀라운 영향력을 보여준 바이마르 생활

1775년, 스물여덟 살의 괴테는 바이마르 공국의 공작 칼 아우구스트의 초청으로 바이마르를 방문한다. 이듬해 그는 공작이 제안한 궁전 수석 고문직을 받아들이며 추밀원 고문으로서 행정가의 삶을 시작한다. 이 시점부터 괴테의 이름에는 귀족에게만 허용되는 '폰^{Von}'이라는 칭호가 붙는다.

행정가로서 괴테는 바이마르를 문화와 예술의 중심지로 만들기 위해 많은 노력을 기울인다. 국립극장을 설립하고, 예술 아카데미를 창립하며, 다양한 예술가와 학자를 초청하여 공연과 전시에도 힘쓴다. 동시에 행정 체계를 개혁하고, 산업의 발전을 장려하며, 사회 복지 제도를 확충하는 정책을 추진하는 데도 주력한다. 그는 교육에도 많은 관심을 기울였고, 특히 정치와 행정의 주요 기관인 예나대학과 깊은 인연을 맺으며 평생 그 발전에 힘썼다. 이러한 경험은 그의 문학 작품에 깊이 녹아들며 당시의 모습을 생생하게 전달한다.

사랑과 창작의 원천, 괴테의 연인들

괴테의 여성 편력은 너무나 유명하다. 알려진 연애 상대만 열네 명에 이른다. 그가 평생 사랑할 대상을 찾았기 때문이다. 이들 중에는 그의 작품 창작에 영감을 준 여인도 있다.

괴테는 1770년, 21세 되던 해, 슈트라스부르크 대학교에 재학 중이었다. 이 시기 그는 알자스 지방의 작은 마을 제젠하임Sessenheim을 자주 방문하며, 그곳 브리온 목사의 가족과 가까이 지냈다. 특히 목사의 둘째 딸 프리데리케 엘리자베트 브리온Friederike Elisabeth Brion과 깊은 애정을 나누었다.

괴테는 훗날 프리데리케를 만난 뒤 시를 쓰고자 하는 열망이 다시 살아났다고 회고했다. 실제로 이 시기 그는 그녀를 향한 사랑을 노래한 여러 편의 연애 시를 남겼으며, 이 작품들은 '제젠하임의 노래Sesenheimer Lieder'로 불린다.

그러나 두 사람의 사랑은 오래가지 못했다. 1771년 여름, 괴테는 작별 인사도 없이 프랑크푸르트로 떠나버렸고, 두 사람의 관계는 자연스럽게 종결되었다. 그녀는 결혼하지 않고 평생 홀로 살았으며, 괴테와의 이별이 그녀에게 깊은 상처로 남았던 것으로 전해진다. 괴테 역시 훗날 자서전에서 "그녀에게 씻을 수 없는 슬픔을 남겼다"라고 고백하며 자신의 책임을 인정한 바 있다.

한 해 지나 괴테는 새로운 사랑에 빠진다. 베츨라에 있는 최고 재판소에서 실무 연수를 하던 중 샤를로테 부프Charlotte Buff-Kestne를 만나게 된 것이다. 취재기에서도 언급했지만, 그녀는 이미 요한 크리스티안 케스트너와 약혼한 사이였고, 두 사람은 헤어질 의사가 없었다. 괴테는 세 사람 사이의 교류를 이어가며 관계를 유지하려 애썼지만, 점차 질투와 좌절, 실연의 고통에 휩싸이게 된다. 결국 그는 두 사람에게 작별 편지를 남기고 베츨라를 떠난다.

그 무렵 그는 예루잘렘의 권총 자살을 했다는 소식을 접하고, 그 비극적인 현실과 자신이 겪은 실연의 감정을 결합해 『젊은 베르터의 고뇌』를 탄생시킨다.

비록 사랑에는 실패했지만, 이 경험은 그의 대표작 중 하나인 『젊은 베르터의 고뇌』의 원동력이 되었으며, 이 작품은 독일문학을 세계문학의 중심으로 올리는 데 중요한 역할을 했다. 괴테의 연인 중 샤를로테는 이러한 이유로 가장 많이 언급되고 오래 기억되는 인물이다.

1775년 봄, 괴테는 고향 프랑크푸르트에서 당대 유력한 은행가 가문 출신의 교양 있는 소녀 안나 엘리자베트 쇠네만Anna Elisabeth Schönemann, 애칭 릴리Lili와 사랑에 빠졌다. 그녀는 괴테보다 여섯 살 연하였으며, 지적이고 음악적 재능이 뛰어난 인물이었다. 두 사람은 짧은 시간 안에 서로에게 강하게 이끌렸고, 만난 지 약 3개월 만에 약혼에 이른다.

하지만 이들의 관계는 오래가지 못했다. 괴테의 자유로운 예술가적 기질과 릴리가 속한 상류 시민계층의 보수적인 생활 방식, 그리고 양가 부모들의 반대가 겹치면서 갈등이 깊어졌다. 결국 괴테는 같은 해 늦가을, 예고도 없이 릴리와의 약혼을 파기하고, 바이마르로 떠난다.

릴리와 짧지만 강렬했던 사랑은 괴테의 내면에 깊은 흔적을 남겼고, 그는 이 시기에 그녀를 떠올리며 여러 편의 서정시를 남겼다. 특히 『릴리에게(Zur Lily)』와 같은 시에는 사랑의 환희보다는 고통과 갈등, 자기반성이 담긴 독백조의 정서가 강하게 드러난다.

괴테는 훗날 릴리를 언급하며, "내가 릴리를 사랑했던 그 시절보다 더 진정한 행복을 느낀 적은 없었다"라고 고백할 정도로, 그녀와의 사랑을 깊이 간직하고 있었다. 이 사랑은 괴테의 생애에서 가장 진실되고 순수했던 사랑

중 하나로 평가받고 있다.

1775년, 26세의 괴테는 작센-바이마르 공국의 공무를 맡게 되면서 바이마르에 정착한 후, 1786년 이탈리아로의 갑작스러운 여행에 이르기까지, 샤를로테 폰 슈타인$^{\text{Charlotte von Stein}}$ 부인과 지속적이고 깊은 교류를 이어간다.

그녀는 괴테보다 7세 연상으로, 이미 결혼하여 자녀도 둔 귀족 가문의 여성이었다. 그녀는 탁월한 지성과 감수성, 예리한 통찰력을 지닌 인물로, 괴테의 초기 작품들을 이미 숙독한 열정적인 독자였으며, 그에게 먼저 만남을 청할 정도로 적극적인 사람이었다. 괴테는 그러한 그녀의 품위 있는 인격과 예술적 교양에 빠르게 매료되었다.

이 관계는 단순한 연애 관계라기보다, 사랑과 정신적 동반자 관계가 복합적으로 얽힌 관계로 보는 편이 더 적절하다. 그들이 주고받은 서간만 해도 1,800통 이상으로, 이들의 교류가 매우 밀도 있고 진지했다.

괴테는 이 시기에 '쉴 사이 없는 사랑(Ununterbrochene Liebe)', '달에게(An den Mond)' 등 샤를로테에게 영감을 받은 시편을 남겼으며, 그녀는 괴테의 인간적·문학적 성장에 지대한 영향을 끼쳤다.

그러나 1786년, 괴테가 샤를로테에게 아무런 예고 없이 이탈리아로 떠나면서 두 사람의 관계는 급격히 소원해졌다. 그가 이탈리아에서 돌아온 후에도 두 사람 간에 표면적인 교류는 재개되었지만, 감정의 균열은 완전히 메워지지 않아 이전과 같은 관계는 회복되지 못했다.

괴테의 아내, 요한나 크리스티아나 소피 불피우스 폰 괴테$^{\text{Johanna Christiana}}$

Sophie Vulpius von Goethe는 바이마르에서 태어났다. 그녀의 아버지는 바이마르 궁정의 서류 담당 기록원으로 일했지만, 집안 형편은 넉넉하지 않았다. 그러한 환경 탓에 장남 크리스티안 아우구스트만이 교육받을 수 있었고, 아버지가 실직한 후 크리스티아나는 생계를 위해 일을 시작해야 했다.

1788년, 그녀의 오빠가 시인으로서의 가능성을 기대하며 괴테에게 후원을 요청하는 편지를 쓰게 된다. 이 편지를 전달하게 된 사람은 크리스티아나였으며, 그녀와 괴테의 첫 만남은 이때 이루어졌다. 당시 괴테는 39세, 크리스티아나는 23세였다. 괴테는 그녀에게서 귀족 여성들과는 전혀 다른, 민중적인 생명력과 관능미, 그리고 이탈리아에서 본 파우스티나^{고대 로마 여성상}의 이미지를 떠올리게 하는 독특한 매력을 느낀다.

그는 곧 그녀를 자신의 저택으로 불러들여 동거를 시작하는데, 이러한 관계는 당시 귀족 계층의 윤리 기준에 어긋나는 파격적인 일이었기에 사회적 주목을 받았다. 바이마르 공국의 고위 관료이자 귀족 작위를 가진 괴테가 평민 출신이며, 학식이 없고 외모도 뛰어나지 않다고 평가되던 여성과 공개적으로 동거했다는 사실은 당대의 언론과 시민들의 입방아에 자주 오르내렸다.

1789년, 두 사람 사이에서 첫아들 아우구스트^{1811년 이탈리아 여행 중 사망}가 태어났으며, 이후 네 명의 자녀가 더 태어났으나 모두 유아기 또는 어린 시절에 요절했다. 괴테는 크리스티아나를 문학적 동반자나 지적 논의의 상대자로 여기지는 않았지만, 그녀와의 관계에서 감각적이고 정서적인 위안을 얻었던 것으로 보인다.

18년간의 사실혼 관계를 이어온 괴테는 1806년, 바이마르가 나폴레옹

전쟁 중으로 혼란에 휩싸였던 시기에 그녀의 헌신과 용기에 감동해 정식으로 결혼하기로 결심한다. 결혼 후에도 두 사람의 관계는 안정적으로 유지되었으며, 약 10년 뒤인 1816년 크리스티아나가 사망할 때까지 법적인 부부로 함께 지냈다.

그는 말년인 1821년 여름, 보헤미아의 온천지 마리엔바트^{Marienbad}에서 당시 17세의 귀족 소녀 테오도레 울리케 조피 폰 레베초프^{Theodore Ulrike Sophie von Levetzow}를 만난다. 괴테는 그녀와의 만남에 깊이 매료되어 2년 넘게 애정을 쏟았고, 1823년, 자신의 나이 73세에 청혼까지 감행한다. 자신의 신체적 조건이 결혼할 수 있는 상태인지 확인하기 위해 의사의 진단을 받았다는 기록이 남아 있으니, 그에게 나이는 중요하지 않았던 것 같다. 당연하게도 레베초프 가문에서는 그의 청혼을 받아들이지 않았고, 그녀도 정중하게 거절한 것으로 전해진다.

이 실연은 괴테에게 크나큰 상처로 남았다. 그는 그 심정을 담아 자신의 대표적 후기 작품 중 하나인 『마리엔바트 비가(Marienbader Elegie)』를 남긴다. 이 시는 시간, 노화, 실현되지 못한 사랑의 상실감을 심오하게 성찰하며, 한 인간이 겪을 수 있는 가장 순수하고도 비극적인 감정을 예술로 승화시킨 작품이다. 괴테의 가장 내밀하고 고통스러운 감정 고백이 담긴 시적 독백으로 평가된다.

그는 이 작품을 완전히 공개하지 않고 유언에 따라 사후에 출간하도록 지시했기 때문에, 시는 그가 세상을 떠난 뒤에야 세상에 알려졌다.

괴테의 삶을 되짚어보면, 그는 수많은 여성과의 만남과 사랑, 그리고 이별을 통해 창작의 영감을 얻고 작품 세계를 더욱 풍성하게 만든 것이 아닐까 하는 생각이 든다.

끝없는 탐구, 괴테의 지적 유산

괴테는 재상직에서 물러난 이후에도 문학과 과학 연구에 깊게 몰두했다. 그는 화학, 연금술, 법률, 의학, 지질학, 색채론, 식물학, 기상학 등 다양한 자연과학 분야에서 연구를 이어간 뛰어난 과학자이기도 했다. 특히 그는 화학을 자신의 '은밀한 연인Heimliche Geliebte'이라 부를 정도로 각별한 관심을 가지고 평생 연구를 지속했으며, 당시 많은 화학자와 함께 가스화학과 색채화학 등 여러 실험을 시도했다고 한다. 이러한 노력은 그의 문학 작품들에서도 자주 언급된다.

그는 자신의 문학적 세계를 확장하기 위해 끊임없이 새로운 시도를 했다. 프랑스의 스타엘 부인Madame de Stael, 영국의 토마스 카알라일Thomas Carlyle과 바이런Byron, 이탈리아의 시인 알레산드로 만쪼니Alessandro Manzoni 등 유럽 각지의 문인들과 활발히 교류하며 견문을 넓혔다. 또한 프랑스의 「Le Globe」, 영국의 「The Foreign Quarterly」와 「The Edinburgh Review」, 이탈리아의 「L'Eco」 같은 잡지를 구독하며 폭넓은 문학적 이해를 추구했다. 한편, 비유럽 지역의 문학에도 관심을 가지는데, 1818년 7월 7일의 일기에는 영국 해군 장교 바질 홀B. Hall이 쓴 『조선 서해 탐사기』를 읽은 후 한국에 대해 알아가고 싶어 한 기록이 남아 있다. 또한, 그는 요제프 폰 하머-푸르크쉬탈 Joseph von Hammer-Purgstall이 번역한 페르시아 시인 하피즈의 시를 읽고 페르시아를 비롯한 인도, 중국 등 동아시아 문학에 흥미를 느끼며 "동양과 서양은 더 이상 분리될 수 없다"라는 결론에 다다랐다.

이러한 인식은 그의 작품에도 고스란히 녹아들었으며, 동양적 사상과 문화를 반영한 「천상의 서곡」, 「마호메트의 노래」뿐만 아니라 동양과 서양의 사상을 접목하고 통합하려는 시도가 돋보이는 『서동시집(West-östlicher Divan)』에서도 잘 드러난다.

03

Hermann Hesse

정 PD가
Pick한
　　괴테 작품들

Johann Wolfgang von Goethe

Friedrich von Schiller

체험의 힘이 주는 작품의 세계

요한 볼프강 폰 괴테는 단순한 문학 작가를 넘어선 인물이다. 그는 자연을 과학으로 탐구했고, 과학을 예술의 눈으로 바라보았으며, 예술을 문학의 언어로 풀어냈다. 그의 작품은 예술과 과학, 인간과 자연, 감성과 이성이 조화롭게 어우러진 총체적 인간의 기록이다.

괴테는 다채로운 삶을 살며 직접 경험한 고통과 깨달음을 글로 남겼다. 그의 이야기들이 자주 비극으로 끝나는 이유는, 인간 존재의 한계를 직시하면서도 그것을 극복해 내고자 했기 때문이다. 그는 말했다. "삶이 고통스럽더라도 거기 머물지 말라. 더 나은 나, 더 나은 삶으로 나아가라."

200여 년이 지난 지금, 그의 작품은 여전히 수많은 사람들에게 깊은 위로와 영감을 준다. 그리고 지금도 여전히 유효한 질문을 던진다. "나는 어떻게 살아야 하는가?"

젊은 베르터의 고뇌 *Die Leiden des jungen Werthers*

괴테 문학의 입문서

이 작품은 괴테의 실제 체험과 친구의 비극적 사건을 바탕으로 하여 베르터가 친구에게 보내는 편지 형식으로 쓰였다.

베르터는 발하임이라는 아름답고 평화로운 곳에서 시간을 보내던 중, 무도회에서 만난 로테라는 여인에게 강렬한 사랑을 느낀다. 하지만 로테에게는 이미 알베르트라는 약혼자가 있으며, 이로 인해 베르터는 심한 고통과 좌절을 겪는다. 그에게 사랑은 세계를 새로운 관점으로 보게 하고 감각을 예민하게 만드는 강렬한 경험인 동시에 커지는 상실감과 외로움 속에서 자살을 선택하는 결말을 맞이하게 된다.

이 작품은 단순한 연애 소설을 넘어 인간의 감정, 사회 규범, 그리고 자아와의 충돌이라는 본질적인 문제를 깊게 탐구한다. 그 속에서 개인의 감정과 존재가 사회적 통념에 부딪힐 때 발생하는 비극을 통해 인생의 복잡성과 아픔, 그리고 그 속에서도 발견되는 아름다움을 전달한다.

작품 속 베르터의 고통을 따라가다 보면 사랑의 본질과 인간 존재의 의미에 대해 깊이 사고하게 될 것이다. 더불어 이 작품이 오늘날까지 사랑받는 이유를 느낄 수 있을 것이다.

빌헬름 마이스터의 수업시대 *Wilhelm Meisters Lehrjahre*

예술이 세상을 변화시킬 수 있는가?

이 작품은 독일 문학을 대표하는 교양소설로, 주인공 빌헬름 마이스터가 연극을 통해 방랑의 단계, 내면화를 위한 성숙단계, 현세적 낙원단계에 이르기까지 다양한 인간관계와 현실의 어려움을 체험하며 내적 성숙을 이루는 과정을 중심으로 전개된다.

빌헬름은 연극에 매료되어 극단 생활을 시작한다. 그곳에서 만난 마리안네에게 사랑을 느끼지만, 그녀에게 다른 남자가 있다는 사실과 극단의 내막을 알게 된 후 환멸을 느끼며 극단을 떠난다. 이후 아버지의 뜻을 따라 상인 수업을 쌓는다. 그러던 중 여행에서 만난 미뇽으로 인해 유랑 극단과 인연을 맺게 되고, 차츰 연극에 대해 깊은 지식을 갖게 된다. 그는 단원들과 함께 이전부터 알고 지냈던 극단의 단장을 찾아가 '햄릿' 공연을 성공시키지만, 열정을 잃고 극단을 떠난다. 이 경험을 통해 그가 지금껏 연극에 바쳤던 열정과 노력은 인생의 '수업시대'에 불과하다는 것을 깨닫게 된다.

저자는 이 작품을 통해 평범한 사람의 성장 과정을 통해 방황과 고난이 어떻게 더 나은 인격체로 성장하게 하는지, 사회적 갈등을 해소할 방안은 무엇인지를 고민해 보게 한다.

"눈물 젖은 빵을 먹어보지 않은 이" 너무나도 유명한 이 명언은 바로 이 작품에 나오는 말로 인간의 고뇌와 성장, 그리고 지혜를 담고 있다. 불확실한 세상 속에서 자신의 길을 모색하고, 원하는 삶을 살아가는 방법을 알고 싶다면 이 작품을 읽어보기를 권한다.

이탈리아 기행 *Italienische Reise*

그의 작품은 이탈리아 기행 전과 후로 나뉜다

"나는 즐기려고 여기 온 것이 아니다. 위대한 대상들을 열심히 연구하고, 배우고, 자신을 훈련하려고 여기 온 것이다" 라는 작품 속 문구처럼 괴테는 이탈리아에서 약 3년간 머무르며 사람들의 관습, 회화, 조각, 식물학, 지질학, 역사 등 다양한 분야를 탐구하며 자신의 성찰과 영감을 기록했다. 그에게 이 기행은 단순히 관광에 그치는 것이 아니라, 예술과 인생에 대한 근본적인 질문을 탐구하는 여정이었다.

괴테는 이탈리아의 곳곳을 탐방하며 문화적 유산과 고대 유적들, 그리고 다양한 사람들과의 만남을 통해 심미적 가치와 예술의 매력, 문학적 상상력을 키웠다. 이 과정을 통해 그는 개인적으로도 크게 성장했으며, 삶과 문학에서 커다란 변화를 경험하였고, 궁극적으로 자신의 정체성을 확립했다.

이 작품은 문학, 예술, 그리고 여행이라는 테마가 어우러져 있고, 세심한 관찰과 풍부한 감정이 생동감 있게 담겨 있다.

이 작품을 읽으면 마치 괴테가 안내자가 되어 이탈리아 함께 여행하는 듯한 느낌을 받게 된다. 이를 통해 그의 생각과 삶을 더 깊이 이해할 수 있고, 예술과 여행이 주는 교훈을 되새겨 볼 수 있다. 이런 과정은 개인의 삶에서의 새로운 시작점이 될 것이다.

선택적 친화력 *Die Wahlverwandtschaften*

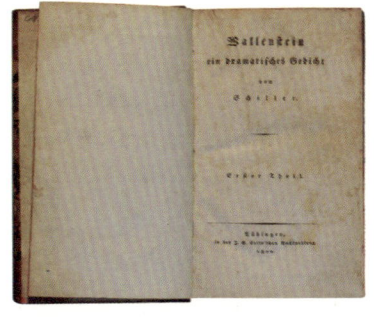

원초적인 힘과 도덕적 질서 사이의 투쟁

이 작품은 부부인 에두아르트와 샤를로테의 일상에 남편의 친구 대위와 아내의 조카 오틸리에가 들어오면서 시작된다. 부부는 미혼인 대위와 오틸리에가 서로 호감을 느끼길 바랐지만, 친화력의 작용으로 대위는 샤를로테 가까워지고, 오틸리에는 에두아르트와 연결되면서 네 사람 사이에 애정의 변화가 일어난다. 각자의 욕망을 충족시키기 위해 다양한 선택과 결정을 내리는 과정에서 결혼과 우정은 위기에 봉착한다.

괴테는 자연과학적 개념을 바탕으로 윤리적인 문제에 접근하며 정신의 근원에 접근하고자 했다. 친화력은 화학 반응에서 함께하려는 원소끼리 선택적으로 끌어당겨 결합하려는 성질을 의미하나 작품은 그 배후에 있는 양극성을 주목하며 인간관계에 대한 통찰을 제시한다.

작품은 인간과 자연, 개인 의지와 운명, 그리고 기호와 독자 사이의 다양한 구조적 복잡성을 담고 있다. 또한 인물 간의 관계, 남녀 간의 감정적 교류, 본질과 환경의 상호작용 등이 얽히며 이야기를 풍부하게 만든다. 선택이 불러오는 결과와 그로 인한 내적 갈등, 인간 윤리에 대한 깊은 고찰이 드러나며, 인간 존재의 본질과 도덕적·사회적 질문을 끊임없이 던진다.

괴테는 이 작품에 대해 "어떤 독자도 단 한 번 읽고 알게 되는 것 이상의 의도가 숨겨져 있다"라고 말한바 있다. 그가 숨겨 놓은 메시지가 무엇인지 탐색하다 보면 작품이 전하는 의미를 발견하는 재미도 느껴볼 수 있다.

파우스트 Faust

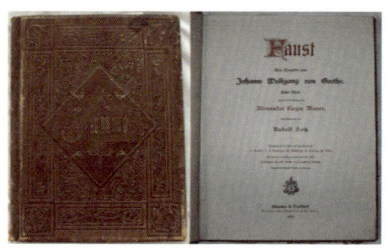

자신의 영혼을 구원하기 위한 여정

『파우스트』는 2부작 희곡으로, 인간 존재와 본질에 관한 깊은 성찰을 담고 있는 불멸의 걸작이다.

파우스트는 메피스토펠레스와 계약을 통해 자신의 영혼을 담보로 젊음을 얻고, 지식과 쾌락을 추구하며 모험을 시작한다. 그는 순수한 소녀 그레트헨과 사랑에 빠지게 되지만, 이 사랑은 비극으로 치닫는다. 죄책감에 사로잡힌 그는 메피스토펠레스의 도움으로 봉건 제국 황제의 신임을 받게 되지만, 이에 또한 실망을 느끼게 되고, '호문쿨루스'의 권유로 '고전적 발푸르기스 밤' 축제에 참여하며 변화를 모색한다. 마법의 힘으로 헬레나와 결혼하여 아이를 낳지만, 아이가 죽으면서 결혼 생활은 파국으로 끝납니다. 그럼에도 불구하고 그는 공익을 위해 헌신하는 지배자가 되어 많은 사람들이 자유롭게 일하는 행복한 나라를 건설하는 데 성공한다. 만족감을 느낀 그가 마침내 "멈추어라, 넌 참 아름답구나!"라고 외치며 악마와의 계약을 종료하게 된다.
이 작품은 상극적인 요소 간의 대비와 이러한 대비를 통해 드러나는 갈등을 중심으로, 인간 구원과 존재의 의미를 끊임없이 탐구한다.

이 작품은 분량이 방대해서 선뜻 손이 가지 않는다. 하지만 절대 악과 절대 선을 넘나드는 인물들, 서로 얽힌 욕망과 행위가 의도치 않은 사건으로 발전하는 과정, 그리고 그 속에서 펼쳐지는 철학적 질문을 따라가다 보면 어느새 작품에 푹 빠져있는 자신을 발견할 수 있을 것이다. 삶을 어떻게 살아야 하는지에 대한 생각도 정립해 볼 수 있다.

04

Hermann Hesse

지금 다시 괴테를
만나야 하는 이유

Johann Wolfgang von Goethe

Friedrich von Schiller

새롭게 태어나는 삶

새로운 탄생을 위해 꼭 필요한 단어, Leiden

『젊은 베르터의 고뇌』의 독일어 원제는 『Die Leiden des jungen Werthers』이다. 여기서 'Leiden'이라는 단어는 말로 표현할 수 없는 깊은 고통, 영혼 깊은 곳에서부터의 탄식을 뜻한다. 이 단어에 작품의 본질이 그대로 담겨 있다. 이루어질 수 없는 사랑의 고통으로 인해 삶을 포기하고 싶을 정도로 심한 감정을 경험했던 괴테가 이 단어를 선택한 것은 매우 적절해 보인다.

괴테는 사랑을 이루지 못한 고통을 문학이라는 형식으로 승화시켰다. 그리고 자신의 분신인 베르터를 죽임으로써, 다시 살아나는 길을 택했다. 문학을 통한 자살과 부활. 이처럼 고통을 이겨내는 방식이 가능하다는 것이 일반적인 문학적 평가이다.

문학 기행을 제작하면서 많은 작품을 다뤘지만, 『젊은 베르터의 고뇌』처럼 사람의 감정을 세밀하게 묘사한 작품은 찾아보기 힘들었다. 예를 들어, '로테의 모습이 항상 나를 따라다닌다! 깨어서도 꿈속에서도 그녀가 내 마음을 가득 채우고 있다'라는 문장은 깊은 사랑에 빠져 현실과 환상을 넘나드는 경험을 해본 사람만이 표현할 수 있는 강렬함을 가지고 있다. 게다가 '내가 저 여자를 사랑한다. 그 사람이 약혼한 것이 무슨 방해가 되느냐'라는 대사에서는 사랑은 사회 규범이나 도덕적 틀마저 초월한다고 믿는다. 심지어 '사랑을 이룰 수 없다면 차라리 죽음을 선택할 것'이라는 절규에 가까운 결심은 실제로 그 감정을 경험한 사람만이 쓸 수 있는 고백이다. 이처럼 괴테는 자기 고통을 직설적으로 매우 솔직하게 표현한다.

이러한 세밀함과 진솔함은 사랑에 빠지고 좌절과 한계를 경험한 이들에게 깊은 공감으로 다가갔을 것이다. 작품을 읽고 나면 베르터가 자신의 이야기인 것처럼 느껴지는 경험을 넘어, 마치 독자 스스로가 베르터가 되어가는 듯한 착각마저 불러일으킨다.

개인의 내면 감정과 사회 규범 간의 갈등, 감정의 절대화, 죽음에 대한 미화 등 당대의 금기와 민감한 이슈를 직접적으로 다룬 이 작품의 영향력은 엄청나게 컸다. 특히, 주인공 베르터의 노란색 조끼와 파란색 연미복을 따라 입고, 권총 자살을 시도하는 많은 젊은이가 생겨났다. 여기서 유래한 단어가 바로 '베르터 효과'이다. 젊은이들에게 죽음은 끝이 아니라 새로운 삶의 시작, 혹은 제한된 사회적 규범으로부터의 자유로운 탈출로 인식되었다. 이러한 낭만적인 인식이 시대적 풍조로 퍼지면서 사회적 문제로 대두되었다.

베르터 효과가 사회적 문제로 부각되자, 괴테는 공개적으로 "나는 이 소설을 통해 고통에서 벗어날 수 있었지만, 소설을 따라서 자살을 선택하는 것은 잘못된 것이다"라는 발표를 하기에 이른다. 그러나 이것이 그가 진정 원했던 메시지는 아니었을 것이다. 그는 훗날 에커만^{Johann Peter Eckermann}과 나눈 대화 속에서 『젊은 베르터의 고뇌』의 본질에 대해 이렇게 말했다. "베르터 시절이라는 것은 제한된 형식 안에 들어가 그것을 받아들이고 순응하는 것을 배우는 과정이지. 그러다 보면 행복이 방해받고 활동이 억제되고 소망이 좌절되는 일이 생길 수밖에 없어. 이건 특정 시대에 국한된 결함이 아니라 모든 개인에게 나타날 수 있는 불행인 거야. 그래서 누구나 살아가는 동안 베르터 같은 시기를 자신의 이야기로 느끼는 때가 반드시 한 번쯤은 있어야 해. 만약 그런 순간이 일생에 단 한 번도 없다면, 그것이야말로 문제가 있는 삶일 뿐이지."**일부 의역**

나는 이 대목이 너무나 아름답고 정말 멋있어서 숨이 막힐 정도였다. 그가 말한 '베르터 시절'은 고통 속에서 성장하고 삶의 의미를 깨닫는 과정이다. 괴테의 통찰은 너무나 아름답고도 깊은 철학적 성찰을 담고 있어 감탄하지 않을 수 없다.

지금 『젊은 베르터의 고뇌』를 읽어야 하는 이유

"당신도 베르터처럼, 비록 극단적인 선택까지는 아니더라도, 아주 고통스럽고도 찬란하게 빛나는 청춘의 시절을 보낸 적이 있습니까?"

프로그램 제작 당시 누가 내게 이렇게 물어봤다면, 그리고 나 자신을 돌아봤을 때, 아무리 기억을 되짚어봐도 나는 그런 시절을 갖지 못했다고 고백할 수밖에 없다. 내 청춘 시절은 "어떻게 하면 대학에 진학할 수 있을까? 어디로 취업해서 가족을 부양하며 안정적으로 살아갈 수 있을까?" 이런 1차원적인 문제들에 매달리며 해결책을 찾는 데 집중했었던 기억만 남아 있었다.

"어떤 삶이 사람답게 사는 삶인가? 문제를 직면했을 때 나는 어떤 태도로 그것을 마주할 것인가?"처럼 치열한 자아 성찰이나 본질적인 삶의 물음을 진지하게 마주한 기억이 없다. 이런 문제로 밤새 고민하거나, 심지어 죽음을 염두에 둘 만큼 깊은 성찰로 삶을 돌아본 적이 없었다.

누구 못지않게 뜨거운 청춘의 한 시절을 살아냈고, 나름대로 열심히 살아왔으니 '괜찮은 인생'이라고 위로하면서도, 문득 그런 생각이 들었다. '그 시절, 나는, 우리는 무엇을 놓치고 지나왔을까?'

그래서 베르테르편을 제작할 때 "우리 삶에도 베르테르처럼 고통스러운 순간이 반드시 있었을 것이다. 그때 우리는 그 고통을 어떻게 극복했는지를 돌아보며, 하나의 거울로써 베르테르의 고뇌를 들여다보자. 그를 통해 다시 일어설 힘을 얻고, 새로운 길을 찾아보는 계기를 마련하자"라는 메시지를 시청자들에게 전달하고 싶었다.

나는 지금도 "자기 삶 — 어쩌면 가장 고통스러웠으면서 찬란하게 빛났던 아름다운 청년 시절 — 을 다시 들여다보고 성장하기 위해서 『젊은 베르터의 고뇌』를 읽어야 한다"라고 말한다. 만약 그럴 수 없다면 괴테가 200년 전에 쓴 이 작품이 지금 우리에게 어떤 의미가 있을 수 있겠는가?

제작 비하인드

　로테하우스를 취재할 때 관장이 샤를로테 후손들의 이야기를 전해주었다. 그들은 3년에 한 번씩 로테하우스에 모여 할머니인 샤를로테를 기리는데, 할머니와의 추억 속에는 괴테가 종종 언급된다고 했다. 그러면서 후손들이 하노버에 살고 있다며, 취재를 원한다면 직접 연락을 취해주겠다고 제안했다. 이런 호의에 하노버로 가고 싶은 마음이 간절했다. 후속 인터뷰를 통해 후손들이 전하는 할머니(샤를 로테)의 이야기와 작품에 대한 의견을 생생하게 담아내며 베르테르의 고뇌를 더 깊이 이해하고 시청자들에게 전달하고 싶었으나, 빡빡한 일정과 빠듯한 제작비가 발목을 잡아 결국 포기할 수밖에 없었다.

　훗날, 토마스 만의 작품 『Lotte in Weimar국내에는 「로테, 바이마르에 오다」로 번역』를 읽으면서 아쉬운 마음이 조금 줄어들게 되었다. 이 책은 괴테와 샤를로테가 예순일곱, 예순세 살이 되어 바이마르에서 재회하는 이야기를 담고 있다. 책 속의 두 사람의 대화는 마치 『젊은 베르테르의 고뇌』의 후속편처럼 느껴진다. 토마스 만은 이 책을 집필하며 괴테의 영혼을 만났다고 했는데, 나 역시 책을 읽으며 당시 로테하우스를 방문해 프로그램을 제작하던 서른여섯 살의 나 자신과 마주하게 되는 특별한 경험을 했다. 당시 취재하면서 촬영하지 못했던 장면들을 추가하고 아쉬움으로 남았던 정적인 화면들이 카메라 동선을 따라 움직이는 생생한 장면으로 머릿속에서 재구성되었다. 이런 과정은 괴테와 샤를로테를 진짜로 만나는 듯한 착각까지 들게 해주었다. 토마스 만의 책은 나에게 이런 놀라운 경험을 선사했다.

괴테가 천국 같다고 찬미했던 베츨라의 가르벤하임을 방문했던 기억도 여전히 생생하다. 그가 말한 '천국'을 발견하기 위해 그가 거닐었다던 길들을 찾아 나섰지만, 기대와는 달리 나지막한 언덕과 정상 아래 나무군락, 바람에 흔들리는 밀밭이 전부였다. 시선을 돌려 반대편을 바라봐도 작은 마을과 푸른색 밭이 보일 뿐이었다. '고민이 생길 때마다 이곳을 방문했다는 괴테의 눈은 도대체 무엇을 봤길래 천국이라 표현했을까?' 의문만큼이나 실망감이 가득했다.

촬영은 열심히 했지만, 아무리 집중해도 필름에는 쓸 만한 장면들이 거의 없었다. 결국, '내 능력과 고민이 부족한 탓이다'라는 자책 속에 괴테가 말한 천국의 모습은 찾지 못하고 무거운 마음으로 발걸음을 돌리는 수밖에 없었다.

숙소로 돌아와서 실마리를 찾듯 작품들을 다시 검토하다가 문득 "가르벤하임의 하늘 아래에서 문학적 영감이 구름처럼 몰려왔다"라는 그의 말이 떠올랐다. '시인이자 작가라면 그 기쁨은 마치 천국에 있는 것과 같았을 것이다'라는 생각이 들었고, 이를 프로그램에 반영시켰다.

지금은 조금 다른 견해를 가지고 있다. 가르벤하임은 괴테가 샤를로테와 함께 시간을 보냈던 장소이기도 하다. 그가 "나는 자연의 미소와 로테의 아름다운 시선 사이에서 천국에 있는 것처럼 느꼈다"라고 회고에서 말한 것으로 보아, 두 사람이 함께 산책하면서 나눈 대화는 괴테에게 감정의 절정을 경험하게 되었을 것이다. 또한, 가질 수 없는 사랑으로 얻게 된 고뇌는 누구에게도 쉽게 말하기 어려웠을 것이다. 감정이 격해질수록 고뇌는 커졌을 것이고, 그는 더 외로워졌을 것이다. 그럴 때면 인적이 드물었던 그 언덕을 찾지 않았을까 싶다. 자연의 소리 외에 아무것도 들리지 않는 절대적인 고독에 몸을 맡기고, 자연이 자신의 고뇌를 치유해 주기를 바라면서.

자연은 그대로지만 감정에 따라 즐거울 때는 총천연색으로, 고독할 때는 흑백으로 보이는 경험을 하지 않았을까 싶다. 그래서 이제는 그가 느낀 천국을 제대로 이해하려면 시인의 눈이 아닌 화가의 눈으로 봐야 한다는 깨달음을 얻었다.

언젠가 그곳을 다시 찾아가 보고 싶다. 그가 걷던 길에서 괴테의 혼과 내 영혼이 만나게 된다면 이런 질문을 하고 싶다. "당신이 '천국'이라 부른 그 풍경은, 자연 그 자체였습니까, 아니면 사랑과 고통을 품은 당신의 마음이 빚어낸 풍경이었습니까?"

『젊은 베르터의 고뇌』를 다시 펴며

괴테는 고난을 극복하는 방법의 하나로 마음의 평정을 얻기 위해서 글을 썼다고 한다. 그래서일까, 그의 글에는 놀라운 치유의 힘이 담겨 있다. 나 또한 개인적으로 가장 힘들었던 시기에 그의 글에서 큰 위로를 받았었다. 괴테는 자신을 위해 쓴 글이었다고 하지만, 그 진실한 고백과 통찰은 결국 수많은 사람들에게 위안을 건네는 작품이 되었다. 그래서 우리는 지금도 그를 '독일 문학의 아버지'라 부르는 것이 아닐까.

그의 문학이 과연 고통 없이 가능했을까? 나는 그렇게 생각하지 않는다.

깊이 있는 문학은 언제나 인간 내면의 갈등과 고뇌에서 비롯된다. 괴테 역시 극심한 고통을 경험했고, 이를 외면하지 않고 정면으로 마주하며 진지하고 순수하게 고민했다. 그런 과정에서 문학이 태어났고, 『젊은 베르터의 고뇌』는 바로 그 출발점이었다.

이 작품은 단순한 사랑 이야기나 비극으로 머물지 않는다. 절망과 대립하며 극한의 감정을 겪는 인간이, 그 고통을 통해 새로운 자아로 나아가고자 하는 치열한 투쟁을 담고 있다. 이룰 수 없는 사랑 앞에서 절망하고, 도덕이라는 이름의 억압을 뚫고 나가려다 죽음을 선택하는 장면은 깊은 충격을 준다. 하지만 그것은 단순한 파멸이 아니라, 고통을 통해 '새로운 탄생'을 꿈꾸는 의지이기도 하다. 마치 헤겔의 변증법처럼, 그는 자기와의 치열한 대립 끝에 새로운 자아로 승화된다.

괴테는 이 위대한 작품을 불과 4주 만에 써냈다. 하지만 단 한 번 읽고 그 깊이를 온전히 이해하기란 결코 쉽지 않다. 이 작품에는 인간이라면 누구나 겪게 되는 보편적인 고뇌, 곧 일상의 틈새에서 마주치는 자아와의 고통스러운 대면이 담겨 있기 때문이다. 이를 외면하지 않고 직시하고 성찰하는 것은 엄청난 용기이며, 고통을 통해 삶의 의미를 되찾고자 하는 투쟁의 기록이기도 하다.

그렇기에 나는 『젊은 베르터의 고뇌』를 괴테 문학의 '알'과 같은 작품이라 생각한다. 모든 것이 이 안에 응축되어 있으며, 그것이 깨어지며 그의 문학이 비로소 태어난다. 이후 『빌헬름 마이스터의 수업시대』, 『빌헬름 마이스터의 편력시대』, 『서동시집』, 그리고 『파우스트』에 이르기까지 그의 모든 문학은 바로 이 한 점에서 시작되었다. 『파우스트』에 나오는 파우스트와 그레첸의 관계조차 베르터와 로테의 확장판으로 느껴질 정도다.

내가 베르터편을 제작할 때가 서른여섯 살이었다. 어느덧 그만큼의 나이가 더 들었다. 그러나 지금도 한 인간이 극한의 고통을 마주하고, 그것을 넘어서 새로운 자아로 거듭나는 과정을 이토록 치열하게 보여준 작품은 『젊은 베르터의 고뇌』가 단연 최고라 생각한다.

나폴레옹은 이 책을 일곱 번이나 읽었다고 한다. 어쩌면 고통을 겪은 사람들은 본능적으로 이 책을 다시 찾게 되는지도 모른다. 그것은 괴테가 고통 속에서 건져 올린 문장들이, 결국은 살아남기 위한 모든 인간의 투쟁을 진실하게 비추어주기 때문일 것이다.

괴테는 여전히 나를 이끈다

예전에는 헤세와의 교감이 더 강하다고 생각했었는데 지금에 이르러서는 괴테와의 인연이 좀 더 깊어진 느낌이다. 우연한 기회로 책을 쓰게 되면서, 그의 작품들을 다시 정독하는 시간을 가지게 되었다. 여전히 가슴을 울리는 내용들과 함께, 이전에는 알지 못했던 새로운 부분들을 발견하는 기쁨도 만끽하고 있다.

책을 쓰는 와중에 평생을 괴테 연구에 몰두하고 있는 괴테 전문가를 한 번 만나보라는 편집자의 권유로 전영애 서울대학교 명예교수가 머무는 여주의 여백서원도 방문했던 일도 뜻깊다. 안내를 받으며 서원을 둘러보다가 괴테하우스가 건립되고 있다는 사실을 알게 되었고, 과거 MBC 문학기행을 제작하며 프랑크푸르트의 괴테하우스를 방문했던 추억을 꺼내며 이야기꽃이 피었다. 이 만남이 인연이 되어 한동안 한 달에 두 번씩 여백서원을 방문해서 함께 그의 작품을 읽고 논하는 시간을 갖기도 했다. 대문호의 영향으로 새로운 인연이 맺어지고 관계가 확장되니 괴테에게 감사한 마음까지 든다.

책을 쓰는 동안 나는 한 시대를 살았던 작가와 지금 이 순간의 나 사이에, 언어를 매개로 한 교감이 얼마나 깊고 풍요로울 수 있는지를 새삼 느꼈다. 시간이 흘러도 변하지 않는 그 울림 속에서 나는 여전히 배우고 또 위로받는다.

시대를 초월하여, 괴테는 지금 내 곁에서 "Was immer du tun kannst oder träumst es zu können, fang damit an. Kühnheit besitzt Genie, Macht und Magie. 당신이 할 수 있는 것이 무엇이든, 그것을 시작하라. 대담함 속에는 천재성, 힘, 마법이 있다"라며, 오늘의 나를 움직이게 만들고 있다.

거장의 시선으로 보다
시간의 언덕 너머

초판 1쇄 발행 2025년 12월 5일

지은이 정명규
펴낸이 김필주
주 간 전양율
펴낸곳 윤슬미디어랩
주 소 서울특별시 광진구 능동로 330, 4층 450호
전 화 0505-300-8754 **이메일** yunslelab@gmail.com
등 록 제2022-000033호

ⓒ 정명규, 2025

ISBN 979-11-978740-5-5 (03810)

---

* 잘못된 책은 교환하여 드립니다.
* 이 책의 내용을 무단 복제하는 것은 저작권법에 의해 금지되어 있습니다.
  책의 전부 또는 일부 내용을 쓰고자 할 때는 사전에 저작권자와 출판사의 서면 동의를 받아야 합니다.